순수산업체 연구보고서

학교 도서관 맥락에서 디지털 리터러시 교육 프레임워크 개발 연구

연구책임자　차현진(순천향대학교 교수)
공동연구원　이가영(백석대학교 교수)

연구 보조　구지민 (순천향대학교)

SCH 순천향대학교

본 연구는 (주)포스비브테크의 연구비 지원으로 수행하였음. 또한, 본 연구는 순천향대학교 학술연구비 지원으로 수행하였음

학교 도서관 맥락에서 디지털 리터러시 교육 프레임워크 개발 연구

차현진 · 이가영 지음

도서출판포스 주식회사

목차

PART I 서론

1. 연구의 배경 및 목적   10
2. 연구 목적   10
3. 연구 내용   11
4. 연구 방법 및 절차   12
5. 연구 범위   13

PART II 선행 연구 분석

1. 디지털 리터러시   16
    가. 디지털 전환의 사회 도래 및 디지털 소양의 중요성
    나. 디지털 리터러시 개념 및 정의
2. 도서관에서의 디지털 리터러시 교육   20
    가. 도서관의 역할 변화
    나. 도서관에서의 디지털 리터러시 교육 영역 및 요소
    다. 도서관에서의 디지털 리터러시 교육 현황

PART III 사서 교사 요구 분석

1. 연구 절차 및 방법   38
2. 연구 참여자   39
3. 연구 도구   41
4. 자료 분석 방법   48

5. 요구 분석 결과 49
    가. 인터뷰 분석 결과
    나. 설문 분석 결과

PART IV 전문가 델파이를 통한 타당화

1. 연구 절차 및 방법 76
2. 연구 참여자 77
3. 연구 도구 78
4. 자료의 해석 81
5. 전문가 델파이 결과 82
    가. 1차 델파이 결과
    나. 2차 델파이 결과

PART V 결론

1. 최종 교육 프레임워크 96
2. 개발된 교육 프레임워크 활용 방안 100
3. 논의 및 제언 103

참고문헌
부록1. 사서 교사 심층인터뷰지 113
부록2. 사서 교사 대상 설문지 121
부록3. 전문가 델파이지 129

표 목차

〈표 Ⅰ-1〉	연구 절차 및 방법	12
〈표 Ⅱ-1〉	Big6 모델의 절차(Eisenberg & Berkowitz, 1990, 조상은, 2023에서 재인용)	25
〈표 Ⅱ-2〉	Global Standards for Media and Information Literacy Curricula Development Guidelines 예시(UNESCO 2019)	27
〈표 Ⅱ-3〉	디지털 리터러시 평가 프레임워크(KERIS, 2022)	29
〈표 Ⅲ-1〉	심층 인터뷰 참여 대상자 프로파일	40
〈표 Ⅲ-2〉	연구 참여자 담당 학년	40
〈표 Ⅲ-3〉	연구 참여자 교사 경력	41
〈표 Ⅲ-4〉	심층 인터뷰 질문지의 구성	42
〈표 Ⅲ-5〉	학교 도서관 맥락에서 디지털 리터러시 교육 프레임워크 초안	44
〈표 Ⅲ-6〉	심층 인터뷰 질문지의 구성	54
〈표 Ⅲ-7〉	A1 하위 요소의 성취 수행 예시별 중요도 및 요구도	56
〈표 Ⅲ-8〉	A2 하위 요소의 성취 수행 예시별 중요도 및 요구도	58
〈표 Ⅲ-9〉	A3 하위 요소의 성취 수행 예시별 중요도 및 요구도	61
〈표 Ⅲ-10〉	B1 하위 요소의 성취 수행 예시별 중요도 및 요구도	62
〈표 Ⅲ-11〉	B2 하위 요소의 성취 수행 예시별 중요도 및 요구도	64
〈표 Ⅲ-12〉	C1 하위 요소의 성취 수행 예시별 중요도 및 요구도	67
〈표 Ⅲ-13〉	C2 하위 요소의 성취 수행 예시별 중요도 및 요구도	68
〈표 Ⅲ-14〉	C3 하위 요소의 성취 수행 예시별 중요도 및 요구도	71
〈표 Ⅳ-1〉	연구 참여자 프로파일	77
〈표 Ⅳ-2〉	학교 도서관 맥락에서의 디지털 리터러시 교육 프레임워크 초안	78
〈표 Ⅳ-3〉	디지털 리터러시 교육 프레임워크의 전반적인 타당도 1차 델파이 결과	83
〈표 Ⅳ-4〉	디지털 리터러시 교육 프레임워크의 A 영역 1차 델파이 결과	84
〈표 Ⅳ-5〉	디지털 리터러시 교육 프레임워크의 B 영역 1차 델파이 결과	85
〈표 Ⅳ-6〉	디지털 리터러시 교육 프레임워크의 C 영역 1차 델파이 결과	87

〈표 Ⅳ-7〉	디지털 리터러시 교육 프레임워크의 전반적인 타당도 2차 델파이 결과	88
〈표 Ⅳ-8〉	디지털 리터러시 교육 프레임워크의 A 영역 2차 델파이 결과	89
〈표 Ⅳ-9〉	디지털 리터러시 교육 프레임워크의 B 영역 2차 델파이 결과	91
〈표 Ⅳ-10〉	디지털 리터러시 교육 프레임워크의 C 영역 2차 델파이 결과	92
〈표 Ⅴ-1〉	A 영역 각 하위 역량 요소별 성취 수행 예시	96
〈표 Ⅴ-2〉	B 영역 각 하위 역량 요소별 성취 수행 예시	98
〈표 Ⅴ-3〉	C 영역 각 하위 역량 요소별 성취 수행 예시	99
〈표 Ⅴ-4〉	디지털 리터러시 교육 프레임워크의 절차적 모델	101

그림 목차

[그림 Ⅱ-1]	디지털 기초 소양으로서 디지털 리터러시 및 컴퓨팅 사고력 함양을 위한 2022 개정 교육 과정 구성 방안	17
[그림 Ⅱ-2]	국가도서관위원회(2023) 제4차 도서관발전종합계획(2024-2028)	21
[그림 Ⅱ-3]	디지털 및 미디어 교육 절차 모델(Hobbs, 2011)	23
[그림 Ⅱ-4]	Global Media and Information Literacy Assessment Framework (UNESCO, 2013)	26
[그림 Ⅱ-5]	ICILS 중 CIL 영역 및 요소	30
[그림 Ⅱ-6]	ICILS 중 CT 영역 및 요소	31
[그림 Ⅱ-7]	한국언론진흥재단: 미디어 리터러시 교육을 위한 미디어 아카데미 (KPF 미카)	33
[그림 Ⅱ-8]	한국미디어리터러시교육협회 학습공동체 결과물: 디지털·AI 미디어 교육프로그램	34
[그림 Ⅱ-9]	시청자미디어재단의 미리내	34
[그림 Ⅱ-10]	세종 시청자미디어프로그램 강좌 예시	35
[그림 Ⅲ-1]	A1 하위 요소의 성취 수행 예시별 LfFM	58
[그림 Ⅲ-2]	A2 하위 요소의 성취 수행 예시별 LfFM	60
[그림 Ⅲ-3]	A3 하위 요소의 성취 수행 예시별 LfFM	62
[그림 Ⅲ-4]	B1 하위 요소의 성취 수행 예시별 LfFM	64
[그림 Ⅲ-5]	B2 하위 요소의 성취 수행 예시별 LfFM	66
[그림 Ⅲ-6]	C1 하위 요소의 성취 수행 예시별 LfFM	68
[그림 Ⅲ-7]	C2 하위 요소의 성취 수행 예시별 LfFM	70
[그림 Ⅲ-8]	C3 하위 요소의 성취 수행 예시별 LfFM	72
[그림 Ⅴ-1]	학교 도서관 맥락에서의 디지털 리터러시 교육 프레임워크: RAMCICEE	100
[그림 Ⅴ-2]	학교 도서관 맥락에서의 디지털 리터러시 교육 프레임워크 활용 방안	103

PART

I

서론

1. 연구의 배경 및 목적
2. 연구 목적
3. 연구 내용
4. 연구 방법 및 절차
5. 연구 범위

1. 연구의 배경 및 목적

○ 최근 급속하게 변화하는 기술의 발전 및 미래 사회에서 요구하는 다양한 창의적 문제해결 역량 등을 고려할 때 도서관 교육 맥락에서도 학생들의 디지털 리터러시 교육을 통한 디지털 시민성을 함양하기 위한 다양한 시도가 있어 왔음
- 교육부(23.08.22.)가 발표한 디지털 교육 전환 정책에서도 디지털 인재를 양성하기 위한 방법으로 학교 도서관을 통해 학교 교육과정과 연계한 디지털 미디어 문해력 함양 교육을 실시하고, 융합·창작 활동 및 협업 수업 등 디지털 미디어 문해력 함양 교육을 도서관 연계 활동으로 강조하고 있음
- 본 연구에서는 도서관 교육 담당자들이 이러한 정책 방향에 따라 디지털 미디어 문해력 함양을 위해 도서관 교육 맥락에서 활용할 수 있는 다양한 교수·학습 자원 및 도구를 지원하기 위한 사업의 일환으로 시행됨
- 이를 위해 디지털 미디어 리터러시 교수·학습 자원 및 도구를 우선적으로 고려한 사업 체계를 마련할 필요가 논의되고 있음
- 이러한 관점에서 본 연구에서는 도서관 교육 맥락에서 디지털 리터러시 교수·학습을 지원하기 위한 프레임워크 개발을 우선적으로 시행하고자 함

2. 연구 목적

○ 본 연구에서는 디지털 미디어 문해력 교육 활동에 필요한 교수·학습 자원 및 도구를 개발하기에 앞서, 교육적 맥락에서 학술적이면서 실용적인 디지털 리터러시 프레임워크 개발이 우선적으로 시행될 필요가 있음에 따라, 학교 도서관 교육 맥락에서 지원할 수 있는 디지털 리터러시 프레임워크 개발을 목적으로 하고 있음
○ 본 연구의 목적은 도서관 교육 담당자 및 학교 사서 교사들이 도서관 교육 맥락에서 디지털 리터러시 교육에 활용할 수 있는 다양한 교수·학습 자원 및 도구를 개발·지원하기 위해, 기저가 되는 디지털 리터러시 프레임워크 개발을 목적으로 함

3. 연구 내용

○ 선행 연구 및 선행 사례 분석
- 학교 도서관 맥락에서 디지털 리터러시의 개념을 탐색하고, 본 연구의 목적에 맞는 디지털 리터러시를 정의하기 위해 관련 선행 연구를 분석함. 또한 디지털 리터러시 교육 프레임워크를 개발하기 위해 요구되는 영역 및 구인에 대한 선행 사례를 분석함
- 학교 도서관 교육 맥락에서 디지털 리터러시 교육 및 유사 문해력 교육의 선행 사례를 분석하고, 향후 어떠한 관점에서 디지털 리터러시 교육이 수행되어야 하는지에 대한 선행 연구를 분석함으로써 학교 도서관 맥락과 사서 교사의 요구에 대한 선행 연구를 분석함
- 도서관 교육 맥락에서 디지털 리터러시 교육 프레임워크에 대한 선행 연구 및 사례를 통해 본 연구 목적과 연계한 시사점을 도출함

○ 사용자 요구 조사 및 분석
- 사서 교사와의 인터뷰를 통해 학교 도서관 교육 맥락에서 디지털 리터러시 교육 프레임워크를 개발하기 위해 기존 학교 사서 교사들이 수행한 교육에 대하여 분석함으로써 교육 환경 및 맥락을 분석하고 사서 교사들이 가지는 다양한 요구 및 어려움을 분석함
- 사서 교사들을 대상으로 요구 분석 설문을 시행함으로써 학교 도서관 교육 맥락에서 디지털 리터러시 교육 프레임워크를 개발하는 데 가장 중요한 교육 영역 및 요소를 도출하고, 성취 목표 중요도 및 필요성에 대한 요구 분석을 실시함

○ 학교 도서관 교육 맥락에서 디지털 리터러시 교육 프레임워크 개발
- 선행 연구, 선행 사례 및 요구 조사 결과를 기반으로 학교 도서관 교육 맥락에서 디지털 리터러시 교육 프레임워크 초안을 개발함
- 개발된 디지털 리터러시 교육 프레임워크 초안의 타당성을 확보하기 위해 전문가 델파이를 2회 시행함으로써 프레임워크 초안을 수정·보완하고 최종 프레임워크에 대한 타당성을 확보함

○ 도서관 교육 맥락에서 디지털 리터러시 교육 프레임워크 활용에 대한 방향 제시
- 최종적으로 개발된 학교 도서관 맥락에서 디지털 리터러시 교육 프레임워크 활용을 위한 시사점 논의 및 방향 제시
- 학교 도서관 교육 맥락에서 디지털 리터러시 교육 프레임워크 활용 향후 연구 제안 및 제언 등

4. 연구 방법 및 절차

<표 I-1> 연구 절차 및 방법

단계	연구 방법(안)	연구 일정(안)
학교 교육 도서관 맥락에서 디지털 리터러시 교육에 대한 선행 연구 및 요구 분석	선행 연구 및 선행 사례 분석	24년 11월 ~ 12월
	학교 도서관 사서 교사 대상 심층 인터뷰 - 초·중·고 교사 5명 대상 - 각 교사당 약 60분 소요 예상	24년 11월 ~ 12월
	학교 도서관 사서 교사 대상 요구 분석을 위한 설문조사 실시 및 분석 - 학교급별, 지역별, 경력별 다양성 확보 필요 - 약 700명 정도	25년 1월 ~ 2월
디지털 리터러시 교육 프레임워크 타당화	디지털 리터러시 교육 프레임워크 초안 개발 및 타당화 - 전문가 대상 총 10명 대상 - 전문가 그룹 다양성(교육 전문가, 도서관 전문가, 교육공학 전문가) - 2차에 걸쳐 시행	25년 2월 ~ 3월
디지털 리터러시 교육 프레임워크 도출 및 공표	최종 디지털 리터러시 교육 프레임워크 도출 및 공표 - 보고서 및 논문 작성 - 논문 발표 준비 등	25년 3월 ~ 4월

○ 선행 연구 및 선행 사례 분석

- 디지털 리터러시, 미디어 리터러시, 디지털 미디어 리터러시, 정보 리터러시 등 유사 개념 논의 및 분석
- 유사 사례 분석: 실제 도서관 교육 맥락에서 개발되거나 논의되고 있는 디지털 리터러시 또는 유사 프레임워크 사례 분석

○ 요구 조사

- 초·중·고 도서관 사서 교사 대상 심층 인터뷰: 초·중·고 학교 도서관 맥락을 이해하고 학교 도서관 교육 맥락에서 현재 수행하고 있는 디지털 리터러시 또는 교육 현황을 분석함. 특히, 교육 수행 시 활용하고 있는 환경 또는 요구되는 자원 및 도구, 관심 분야 등에 대한 분석함
- 요구 설문조사 실시: 심층 인터뷰를 통해 도출한 요구 사항을 바탕으로 설문을 통해 다수의 학

교 도서관 사서 교사를 대상으로 각 디지털 리터러시 영역 및 요소, 성취 목표 예시에 대한 중요도 또는 실행도 등 분석하여 실제 요구 우선순위를 파악함
○ 디지털 리터러시 교육 프레임워크 타당화 실시
- 전문가 델파이: 2회의 전문가 델파이를 통해 교육 전문가와 현장 도서관 전문가로 구성하여 도서관 교육 맥락에서의 디지털 리터러시 교육 프레임워크 수정·보완 및 타당화 과정 수행
- 최종 타당성 확보 및 디지털 리터러시 교육 프레임워크 도출
○ 디지털 리터러시 교육 프레임워크 공표
- 논문 발표: 최종 도출된 학교 도서관 맥락에서의 디지털 리터러시 교육 프레임워크를 학술적 논문(학술 대회 또는 학술지)으로 발표하여 공표함

5. 연구 범위

○ 초·중·고 학교 도서관 대상 교육 프로그램 개발 목적에 따른 프레임워크 개발
- 본 연구는 현 공교육 초·중·고 학교 도서관에서 시행할 수 있는 교육 프로그램을 전제로 사서교사들의 디지털 문해력 및 학교 도서관 환경 등을 고려하여 현실적으로 적용 가능한 범위에서 디지털 리터러시 교육 프레임워크를 개발함
- 단, 미래 역량을 고려하여 유연하고 모듈화된 접근 방식으로 확장성을 고려함

—

PART
II

선행 연구 분석

1. 디지털 리터러시
2. 도서관에서의 디지털 리터러시 교육

1. 디지털 리터러시

가. 디지털 전환의 사회 도래 및 디지털 소양의 중요성

○ 초지능화·초연결 사회의 도래와 전 세계적 팬데믹으로 인해 교육을 비롯한 사회 각 분야의 디지털 전환(Digital Transformation)이 가속화됨에 따라, 인간은 생애 전 주기에 걸쳐 디지털 기술을 적절하게 사용하고 활용할 수 있는 역량을 보유하는 것이 당연시되는 디지털 사회에 살고 있음(Korupp & Szydlik, 2005)

- 디지털 사회의 도래로 학교 교육에서는 디지털 사회에서 살아가기 위해 개인에게 요구되는 핵심 역량으로서 디지털 리터러시(Digital literacy) 또는 디지털 미디어 리터러시(Digital media literacy)의 중요성을 강조하고 있음

- 디지털 리터러시라는 용어는 Gilster(1997)에 의해 처음 사용된 이래, 디지털 기기를 다루고 디지털 정보를 이해하고 활용하는 능력을 넘어, 새로운 정보를 창출하거나, 윤리적 태도를 가지고 의사소통 및 협업 능력, 그리고 디지털 환경에서 일상생활의 문제를 해결하기 위한 실천 능력까지 디지털 시민성을 포괄하는 디지털 역량으로 그 개념이 확장되고 있음(Mills, 2010)

- 교육부에서도 디지털 소양을 디지털 지식과 기술에 대한 이해와 윤리 의식을 바탕으로 정보를 수집, 분석하고 비판적으로 이해, 평가하여 새로운 정보와 지식을 생산, 활용하는 능력으로 정의하고 2022 개정 교육과정 총론의 기본 방향으로 강조하고 있음(교육부, 2021; 교육부, 2023)

○ 2022 개정 교육과정에서는 디지털 친화적이고 도전적인 특성을 가지는 학습자들을 위해 최적화된 맞춤형 교육이 요구되고 있는 상황에서, 디지털 전환에 적극적이고 유연하게 대응할 수 있도록 학교 교육에서 AI와 소프트웨어 교육을 비롯한 디지털 기초 소양을 강화하고 온오프라인 연계 등 새로운 교수·학습의 확산을 위한 기반을 마련하는 방향으로 교육과정 혁신을 추진하고 있음

- 디지털 소양을 교과 학습에 기반이 되는 언어, 수리와 같은 기초 소양으로 강조하고 초·중·고 교육과정에서 AI 및 디지털 소양 함양 교육 강화([그림 Ⅱ-1] 참조)

[그림 Ⅱ-1] 디지털 기초 소양으로서 디지털 리터러시 및 컴퓨팅 사고력 함양을 위한 2022 개정 교육 과정 구성 방안
(출처: 「'2022 개정 교육과정' 총론 주요 사항 (시안)」(교육부, 2021))

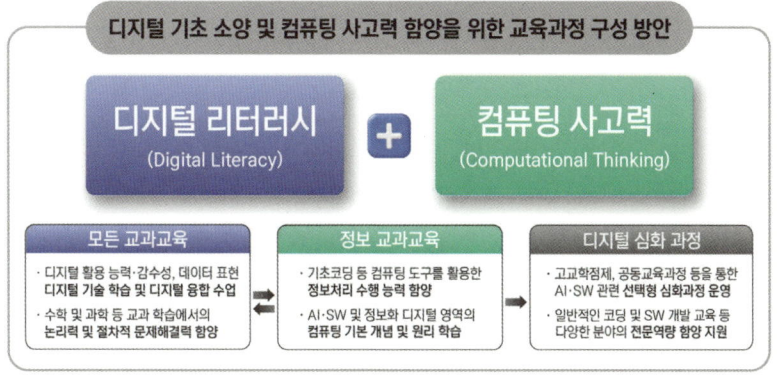

- 교육부가 발표한 디지털 교육 전환 정책에 따른 디지털 인재 양성 종합 방안에 따르면 디지털 격차를 해소하기 위한 방안으로 독서·인문·글쓰기를 비롯한 문해력과 함께 미디어·AI 교육 등 학교 교육과정과 연계하여 디지털 리터러시를 함양할 수 있는 교육 기반을 마련하는 것을 강조하고 있음
- 도서관은 이러한 디지털 리터러시 함양을 위해 독서 교육뿐 아니라 교과 교육과 연계하여 융합·창작 활동을 지원하는 공간이면서 협력을 통한 문제해결을 수행할 수 있는 디지털 배움터로 확장하는 것이 논의되고 있음

나. 디지털 리터러시 개념 및 정의

○ 리터러시, 즉 문해력은 사람들이 살아가는 데 소통하는 도구의 역할을 수행하면서 문제해결에 필수적인 능력으로 논의하고 있음(조상우, 2023)
- OECD(2019)는 인지적 기반이 되는 소양으로서 다양한 리터러시를 정의하고 있는데, 언어 리터러시, 수리 리터러시, 디지털 리터러시, 데이터 리터러시를 제시하였음(OECD, 2019: 48-49), 그 중 디지털 리터러시는 전통적인 소양과 동일하게 적용되는 기초 능력이면서 디지털 상황에 적용되는 기초 소양으로 논의되고 있음
- 결국, 디지털 환경에서 전통적인 물리적 환경만큼 유사한 업무와 활동이 이루어진다는 점에서 전통적으로 강조되었던 3R(읽기, 쓰기, 셈하기), 즉 언어 및 수리적 리터러시뿐 아니라, 디지털

리터러시도 모든 학생이 기본적인 역량을 발현하기 위해 갖춰야 하는 능력으로 보고 있음
○ Gilster(1997)에 의해 최초로 제시된 디지털 리터러시란 개념은 컴퓨터 과학 및 정보·통신 분야에서 언급된 다양한 리터러시와 유사한 개념으로 언급되었음
- 컴퓨터 리터러시(Computer Literacy)는 1970년대 컴퓨터를 사용하기 시작한 시기부터 등장하였음. 이후 컴퓨터 관련 기술이 급격하게 발달한 1990년대에는 사람들이 살아가는 데 필요한 기본 능력으로 논의되었음(Koehler & Mishra, 2009)
- 하지만, Gilster가 처음 사용한 디지털 리터러시란 개념은 단순히 기술을 운용하기 위해 요구되는 비판적 사고력을 강조하고 있다는 점에서, 기존 컴퓨터 시스템을 개발하는 능력을 강조하던 컴퓨터 리터러시와는 매우 다른 의미로 쓰이게 되었음
- 2000년대에 접어들어 정보 및 웹 기술의 급격한 발전으로 인해 정보의 접근이 매우 수월해지면서 정보 리터러시(Information Literacy)라는 용어가 사용되기 시작되었으며, 넘치는 정보 속에서 의미 있고 중요한 정보를 분별력을 가지고 활용할 수 있도록 기본적으로 갖추어야 할 소양으로 정보 리터러시가 대두되었음(Mackey & Jacobson, 2011)
- 향후 정보에 접근하고 전달하는 다양한 매체의 발달에 따라 매체에 좀 더 초점을 두고, 미디어를 올바르게 이해하기 위해 다양한 정보와 전달하고자 하는 텍스트를 분석하고 평가하며 의사소통할 수 있는 능력을 의미하는 미디어 리터러시(Media Literacy)의 개념이 등장하였음
- Hobbs(2011)는 디지털 미디어 리터러시라는 용어를 제시하고 미디어의 포화 속에 정보가 풍부한 사회를 살아가고 사회의 일원으로 참여하는 데 기본적으로 삶에 필요한 역량으로 정의하기도 하였음
○ 기술 발전과 다양한 사회 변화의 흐름에 따라 다양하고 유사한 개념들이 우리 사회의 구성원으로 살아가는 데 요구되는 기본적인 역량으로 각각의 맥락과 상황에 따라 확장되면서, 최근 국제사회와 다양한 기관에서는 디지털 리터러시의 개념이 디지털 사회에서 살아가는 데 기본적으로 요구되는 복합적 능력으로 정의하고 있음(JISC, 2014; MediaSmart, 2016, UNESCO, 2018)
- 디지털(Digital)이라는 개념은 ICT를 활용한 다양한 분야와 맥락에서 다양한 기술 환경을 아우르는 용어로 인식되고 있으며, 교육 분야에서는 역량 기반 교육과정을 강조하고 있는 유럽 국가를 중심으로 리터러시(Literacy)라는 용어와 유사하게 역량(Competency)이라는 단어가 사용

되고 있음
- 또한, 최근 ICT 리터러시, 미디어 리터러시, 정보 리터러시, 인터넷 리터러시 등 다양한 용어가 혼재해서 사용됨에 따라 유사한 소양 능력을 포괄하는 큰 개념적 용어로 디지털 역량(Digital Competency)이라는 용어를 사용하기도 함(Carretero et al., 2017)
○ 국내에서도 우리나라 교육부는 디지털 기술과 AI의 발전은 미래 사회에 사고방식 및 노동 형태 등 살아가는 방식에 영향을 미치고, 의사결정 및 문제해결 등 미래세대의 삶 전반에 영향을 미칠 것으로 논의하고, 디지털 시대에서 기본적으로 요구하는 역량을 갖출 수 있도록 디지털 전환 정책을 제시하였음
- 디지털 전환 정책에서는 디지털 문해력(디지털 리터러시)을 "디지털 지식과 기술에 대한 이해와 윤리 의식을 바탕으로, 정보를 수집·분석하고 비판적으로 이해·평가하여 새로운 정보와 지식을 생산·활용하는 능력"으로 정의하고 있음(교육부, 23.08.22.)
○ 이철현, 전종호(2020)도 최근 급속하게 발전하는 AI와 기술의 영향으로 디지털 시대를 살아가는 모든 시민에게 기본적으로 요구되는 디지털 사회에서의 윤리, 문화, 규범 등의 모든 관점에서 전통적인 디지털 리터러시보다 그 개념이 확대되어 디지털 역량으로 논의되는 추세라고 강조하고 있음
○ 종합해 보면, 디지털 리터러시는 디지털 시대를 살아가는 시민들에게 기본적으로 요구되는 역량으로, 전통적으로 다루어졌던 디지털 리터러시보다 그 개념이 역량의 관점으로 확대되고 있는 추세임(이철현, 전종호, 2020: 318). 최근 다양한 기관에서는 교육적 목적과 정책 방향에 따라 디지털 리터러시를 다르게 정의하고 있는데, 국내에서 디지털 리터러시에 대한 관점과 방향을 살펴보는 데 의의가 있음
○ 또한, 최근 국제기구를 포함한 글로벌 사회에서는 디지털 리터러시의 중요성을 인식하고, 다양한 관점에서 학생들의 디지털 리터러시를 증진하기 위한 국가 차원의 교육 및 연구를 진행하고 있음(ACARA, 2020; Carretero et al., 2017; Fraillon et al., 2018; OECD, 2018; Vuorikari et al., 2016)
○ 도서관 맥락에서 수행된 디지털 리터러시의 개념을 포함한 역량을 살펴보면, 정보 리터러시, 미디어 리터러시, 디지털 미디어 리터러시 등 다양한 용어를 사용하고 있음
- 도서관 맥락에서 디지털 리터러시 교육이 강조된 것은 독서와 인쇄매체와의 제한된 리터러시

를 넘어 다양한 미디어 기술을 통해 구현되고 있는 의미 구성 설계 행위가 사회적 맥락 속에서 이루어져야 한다는 점에서 의미 생산과 유통의 실제적인 원동력을 강조한 '멀티 리터러시(multi-literacies)' 이론의 관점에서부터 시작되었음(정현선, 2021; New London Group, 1996)
- 도서관에서 수행해야 하는 교육은 멀티 리터러시 관점에서 학생들이 의미 해석과 이 과정에서 수행하는 성찰을 위해, 리터러시를 사용함으로써 미래 사회에 구성원으로서의 의미 설계자이면서 구성자가 될 수 있도록 지원해야 할 교육의 필요성이 논의되었음
- 특히, 코로나 팬데믹으로 인해 비대면 또는 온라인을 통한 독서 활동의 확대와 디지털 기술 및 인공지능을 활용한 다양한 리터러시 활동이 강조되면서 전통적인 독서의 개념에서 나아가 기본적인 디지털 리터러시를 요구하는 독서 활동이 확대되었음. 결국 멀티 리터러시 관점에서 독서에 대한 접근을 고려해야 함이 논의되었고, 전 세계적으로 다양한 디지털 미디어 리터러시 프로그램을 제공하는 장소로 도서관 프로그램의 변화가 이어지고 있음(정현선 외, 2015; 정현선, 2021)
○ 본 연구에서는 다양한 용어를 포괄할 수 있는 형태이면서 연구의 목적에 따라 초·중·고 학교 도서관 맥락에서 수행할 수 있는 교육 프로그램 개발에 적합한 프레임워크를 개발한다는 의미에서 교육부에서 디지털 전환 정책에서 제시한 도서관 교육과 연계한 개념으로 '디지털 리터러시'라는 용어로 활용하고자 함
- 디지털 리터러시는 정보 리터러시, 미디어 리터러시, 디지털 미디어 리터러시를 아우르는 개념으로 정의하고, 미래 사회에 학생들이 기본적으로 갖추어야 할 역량으로 도서관을 활용하여 다양한 정보 및 콘텐츠를 접근·활용하여, 우리 사회의 문제를 해결하기 위한 아이디어를 협업적·창의적으로 구성·제작·산출하여 사회에 능동적이고 실천적으로 참여할 수 있는 역량으로 정의하고자 함

2. 도서관에서의 디지털 리터러시 교육

○ 디지털 기술의 급격한 발전과 함께 정보 접근성과 활용 능력이 중요해지면서 디지털 미디어 리터러시는 현대 교육과 사회적 참여의 필수 요소로 자리 잡고 있음. 이에 도서관은 지식과 정보를 보관하고 전달하는 전통적인 역할에서 디지털 리터러시 교육을 지원하는 플랫폼으로 변

모하고 있음
○ 이 장에서는 도서관에서의 역할, 도서관에서의 디지털 리터러시 교육, 그리고 디지털 리터러시 교육의 발전 방향에 대해 논하고자 함

가. 도서관의 역할 변화

○ 국내외 도서관법 그리고 관련 정책들은 도서관과 사서에게 시민들의 미디어 리터러시 역량을 증진 시킬 책임이 있음을 강조하고 있음. 이에 더해, 현대 사회는 도서관과 사서가 미디어 리터러시 교육에 더욱 적극적으로 참여할 것을 기대하고 있음(박주현 외, 2023; 강득구 외, 2021; 김나영, 2021). UNESCO(2011, 2013)는 시민들의 미디어 리터러시 교육 및 역량 향상을 지원하는 핵심 기관으로 도서관을 명시하고 있음

- 미디어 리터러시 교육은 단순히 문해력 향상에 그치지 않고, 지역사회의 문제를 해결하는 등 실질적인 해결책을 모색하는 역할로 확대되고 있음
- 대통령 소속 도서관정보정책위원회가 발표한 제4차 도서관발전종합계획(2024-2028)에서는 도서관의 사회문화적 가치를 확산시키는 것을 목표로 하며, 국가지속가능발전목표(K-SDGs)와 연계된 서비스 제공 및 도서관 리빙랩 조성을 비롯한 다양한 역할을 강조하고 있음
- 즉, 도서관의 역할을 지역 사회의 디지털 미디어 리터러시 허브로 기능해야 한다고 강조하고 있음(박주현 외, 2023)

[그림 II-2] 국가도서관위원회(2023) 제4차 도서관발전종합계획(2024-2028)

핵심과제	추진과제	실행계획
정책목표	1. 누구나 자유로운 이용, 모두의 도서관	
1-1. 세계 시민성을 지향하는 도서관 서비스	1-1-1. 창의·공감을 위한 인문역량 제고	① 사회적 독서문화 확산
		② 문화·학습·체험 프로그램 확대
	1-1-2. 디지털 일상 향유 역량 강화	① 디지털 시민성 구현
		② 디지털 창작·협업 프로그램 확대
1-2. 국민 체감형 지식정보 서비스 확대	1-2-1. 공공정보서비스 접근성 향상	① 공공정책·연구정보서비스 강화
		② 의회·법률정보서비스 고도화
	1-2-2. 교육·학술정보서비스 확대	① 학교도서관 프로그램 개발
		② 대학도서관 학술정보서비스 강화

1-3. 사회적 포용을 실천하는 도서관 서비스	1-3-1. 지식정보 취약계층 도서관서비스 강화	① 장애인도서관서비스 강화	
		② 사회적 약자 서비스 확대	
	1-3-2. 특수환경 도서관서비스 확대	① 장병을 위한 병영도서관 서비스 개선	
		② 수형자를 위한 교정시설도서관 서비스 강화	
		③ 환자·보호자를 위한 병원도서관 서비스 활성화	
정책목표	2. 공동체 활력, 연대·협력 플랫폼		
2-1. K-도서관 문화 랜드마크화	2-1-1. 지역 매력을 품은 명소 도서관 확충	① 도서관 문화클러스터 구축	
		② 공공도서관 지속적 확충	
	2-1-2. 일상 속 체류형 도서관 환경 조성	① 도서관 공간 혁신	
		② 안전한 도서관 환경 조성	
2-2. 지역 활력을 높이는 특화서비스 제공	2-2-1. 지역공동체를 위한 문화서비스 확대	① 지역특화 프로그램 개발	
		② 세대공감 프로그램 확대	
	2-2-2. 골목과 마을을 잇는 지역아카이브 구축	① 도서관 중심의 지역공동체 아카이브 구축 및 운영	
		② 문화매개자를 활용한 지역 스토리텔링 개발 및 추진	
2-3. 경계를 넘는 지식문화 기관 연대·협력	2-3-1. 도서관의 사회문화적 가치 확산	① 국가지속가능발전목표(K-SDGs) 연계 서비스	
		② 도서관 리빙랩 조성	
	2-3-2. 도서관 융합서비스 확대	① 지식문화기관 연대 서비스 발굴	
		② 도서관·지역출판·서점 상생협력	

○ 나아가, 디지털 미디어 리터러시에 대한 교육은 형평성의 문제로 접근할 수 있음, UNESCO(2011)에서는 정보 격차 해소와 평생 학습의 핵심 요소로 강조하며, 이를 통해 사회적 참여와 디지털 권리가 증진될 수 있다고 제시하고 있음

○ 도서관의 역할이 변화함에 따라 사서의 역할도 학생, 시민의 리터러시 역량 향상 등으로 확장되고 있음(박주현, 2020). 그러나 이러한 변화에도 불구하고, 청소년을 대상으로 한 미디어 리터러시 교육의 체계적인 사례는 여전히 부족하여 이를 발굴해야 하는 상황임(차연홍, 최정임, 2024)

나. 도서관에서의 디지털 리터러시 교육 영역 및 요소

○ 대표적인 도서관에서 활용할 수 있는 디지털 리터러시 교육 영역 및 요소는 Hobbs(2011)의 디지털 및 미디어 리터러시 교육 절차 모델, Big6 모델(Eisenberg & Berkowitz, 1990),

Information Literacy Assessment Framework(UNESCO, 2013), 7PS Core Model(SCONUL, 2011), Standards 모형(ACRL, 2000)이 있음

1) 디지털 미디어 리터러시 교육 절차 모델(Hobbs, 2011)

○ Hobbs(2011)는 디지털 미디어 리터러시 교육을 효과적으로 구현하기 위해 다섯 가지 핵심 역량 영역을 중심으로 한 절차적 모델을 제시함, 이 모델은 접근(Access), 분석(Analyze), 생성(Create), 성찰(Reflect), 실행(Act)의 다섯 가지 단계로 구성함

[그림 II-3] 디지털 및 미디어 교육 절차 모델(Hobbs, 2011)

Access
- ☑ Use technology tools
- ☑ Gather relevant information
- ☑ Comprehend what they read, view and listen to

Analyze
- ☑ Ask good questions
- ☑ Gain knowledge and apply it to solve problems
- ☑ Contextualize information to understand its value and significance

Create
- ☑ Express themselves in multiple modes
- ☑ Reach authentic audiences
- ☑ Manipulate content and form in relation to purpose and audience

Reflect
- ☑ Think from multiple perspectives
- ☑ Predict consequences and use hypothetical reasoning
- ☑ Talk about power and responsibility in the practice of communication

Take Action
- ☑ Connect the classroom to the world
- ☑ Promote leadership and collaboration
- ☑ Develop integrity and accountability

- Access(접근): 적합하고 관련이 있는 정보를 찾아서 공유하고 미디어 텍스트와 도구를 잘 사용할 수 있는 역량으로, 학습자는 기술 도구를 사용하여 신뢰할 수 있는 정보를 수집하고, 자신이 읽고 보고 듣는 콘텐츠를 이해할 수 있어야 함
- Analyze(분석): 메시지의 목적, 대상이 되는 청중, 질, 진실, 신뢰, 시각, 잠재적인 효과 또는 메시지의 결과를 분석할 수 있는 비판적인 사고 활용 역량으로, 학습자는 정보의 신뢰성을 검토하고, 중요한 질문을 던지며, 학습한 지식을 문제해결에 적용하는 과정을 수행하도록 함. 또한, 정보를 맥락적으로 이해함으로써 해당 정보의 가치와 중요성을 분석할 수 있도록 지도함을 강조. 이는 단순한 정보 습득이 아니라, 정보를 평가하고 활용하는 능력을 강화하는 데 초점을 두고 있음
- Crate(창조): 목적에 대한 이해, 대상, 구성 기술(composition techniques)을 바탕으로 창의력과 자기표현에서 자신감을 활용하여 콘텐츠를 구성하고 개발하는 역량으로 학습자가 다양한 미디어를 활용하여 창의적으로 표현할 수 있도록 함. 예를 들어, 글쓰기뿐만 아니라 영상, 이미지, 오디오 등 다양한 형식을 활용하여 메시지를 전달하는 방법을 배우게 됨. 또한, 콘텐츠를 단순히 제작하는 것을 넘어, 청중과의 소통을 고려하고 목적과 대상에 맞게 조정하는 과정도 포함됨
- Reflect(성찰): 일상생활에서 우리의 생각과 행동을 기반으로 미디어 메시지와 기술(도구)의 영향을 고려하여 윤리적 원칙과 사회적 책임을 자신의 신념, 소통 행위, 수행에 적용하려는 역량임. 이를 학습자는 다양한 관점에서 사안을 바라보며, 특정 행동이 가져올 결과를 예측하는 연습을 하고, 또한, 커뮤니케이션 과정에서의 권력과 책임 문제를 탐구하면서 미디어가 사회에 미치는 영향과 윤리적 측면에 대해 깊이 있게 생각하는 연습을 해야 함. 이러한 과정은 학생들이 미디어를 단순히 수동적으로 소비하는 것이 아니라, 능동적이고 책임감 있는 태도를 갖추도록 하는 데 중요한 역할을 함.
- Act(실행): 가족 구성원, 직장, 커뮤니티에 지식을 공유하고 문제를 해결하기 위해 개별적으로 그리고 협력적으로 일하며, 지역적, 종교적, 국가적, 국제적 수준에서 커뮤니티 구성원으로서 참여할 수 있는 역량임. 이 단계에서는 학습자들이 배운 내용을 현실 세계에서 적극적으로 적용할 수 있도록 기회를 제공함

2) Big6 모델
○ Big6 모델은 정보 문제해결을 위한 6개의 영역(1. 과제 정의, 2. 정보탐색 전략, 3. 탐색 및 접

근, 4. 정보 이용, 5. 통합, 6. 평가)과 그 전략을 제시한 모델임(Eisenberg & Berkowitz, 1990)
- '과제 정의' 단계에서는 해결해야 할 문제를 명확히 파악하고 필요한 정보를 확인함. 이어서 '정보 탐색 전략' 단계에서는 다양한 정보원을 검토하고 최적의 자료를 선택하기 위한 전략을 수립함. '탐색 및 접근' 단계에서는 필요한 정보가 어디에 있는지 파악하고 원하는 내용을 찾아 접근함. 이후 '정보 이용' 단계에서는 읽기, 듣기, 보기 등의 방법으로 정보를 활용하며, 중요한 내용을 정리함. '정보의 통합' 단계에서는 여러 정보원을 활용해 내용을 체계적으로 정리하고 효과적으로 표현함. 마지막으로, '정보 평가' 단계에서는 최종 결과물의 적절성과 문제해결 과정의 효율성을 점검하며 보완할 부분을 검토함

○ 이후, 각 단계를 ICT 기술과 도구와 연계하여 활용할 것을 제시했으며, 이를 교육과정에 통합할 필요성을 강조하였음(Eisenberg, 2008). 이는 사서 교사와 교과 교사가 협력하여 실제 학습 상황에서 학생들에게 정보 리터러시를 효과적으로 가르칠 수 있는 교수 방법을 제안한 점에서 중요한 의미를 갖는다고 할 수 있음

〈표 II-1〉 Big6 모델의 절차(Eisenberg & Berkowitz, 1990, 조상은, 2023에서 재인용)

단계	항목 내용
1 과제 정의 (Task Definition)	1.1 문제 정의 (Define the problem) 1.2 정보 요구 확인 (Identify the information needed)
	문제 상황을 정확히 인지하고 이를 해결할 수 있는 정보가 무엇인지와 자신이 알아야 할 주제가 무엇인지 파악하는 단계
2 정보탐색전략 (Information Seeking Strategies)	2.1 모든 이용 가능한 정보원 파악 (Determine all possible source) 2.2 최적의 정보원 선정을 위한 전략 (Select the best sources)
	자신에게 필요한 정보를 찾기 위해 어떠한 정보검색 방법, 시스템 사용 등을 사용해야 하는지를 결정하는 단계
3 탐색 및 접근 (Location and Access)	3.1 정보자원의 위치 파악 (Locate sources) 3.2 정보자원 내에서 정보 찾기 (Find information within sources)
	앞서 결정한 정보탐색전략을 직접 실행하는 단계로 탐색을 통해 자신이 원하는 정보자원의 위치를 파악하고 직접 정보에 접근하여 찾아보는 단계
4 정보 이용 (Use of Information)	4.1 정보와의 상호작용 (engage(eg., read, hear, view)) 4.2 필요한 정보 추출하기 (Extract relevant information)
	정보에 접근하여 정보와 직접 상호작용하고, 문제 상황에 적합하다고 생각하는 정보를 추출해나가는 단계

5 통합 (Synthesis)	5.1 다양한 정보원으로부터 정보 재조직하기 (Organize information from multiple sources) 5.2 정보를 표현하고 제시하기 (Present information)	
	추출한 다양한 종류의 정보원의 내용을 종합하고 이를 효과적으로 상호작용할 수 있도록 결과물을 표현하고 제시하는 단계	
6 평가 (Evaluation)	6.1 결과의 평가 (judge the result(effectiveness)) 6.2 과정의 평가 (judge the process(Efficiency))	
	문제 상황에 대한 적절한 결과물을 완성하였는지를 확인하는 단계로 결과물의 효과성과 문제해결과정에 대한 효율성을 평가	

3) Information Literacy Assessment Framework

○ Global Media and Information Literacy Assessment Framework는 Big6 모델(1990)을 반영하고 정보 리터러시 역량을 강조한 모델임(UNESCO, 2013)

- 정보 리터러시에는 접근(Access), 평가(Evaluation), 생성(Creation)이라는 세 가지 주요 범주로 나누었으며, 각 범주에는 네 가지 주제 영역과 이에 따른 역량 설명이 포함되어 있음

[그림 II-4] Global Media and Information Literacy Assessment Framework(UNESCO, 2013)

- 첫 번째 단계인 '접근(Access)'에서는 정보 요구를 명확히 하고, 검색, 접근, 저장하는 데 필요한 역량을 향상시킬 수 있는 주제를 구성함
- 두 번째 단계인 '평가(Evaluation)'에서는 정보와 미디어를 이해하고, 정보 자체와 제공 기관을 비판적으로 평가할 수 있는 역량을 기를 수 있도록 구성함
- 세 번째 단계인 '생성(Creation)'에서는 접근, 저장, 평가한 정보를 창의적으로 표현하고, 생성, 활용, 모니터링할 수 있는 역량을 키우는 주제로 구성함

○ 또한, UNESCO는 2019년에 'Global Standards for Media and Information Literacy Curricula Development Guidelines'를 미디어와 정보 리터러시 교육과정 개발을 위한 글로벌 표준을 제시하였음
- 19개의 학습 성과와 6개의 사회적 가치 및 태도를 제시하였고 각 국가의 교육 체계와 문화적 맥락에 맞게 조정할 수 있도록 권고하고 있음

〈표 Ⅱ-2〉 Global Standards for Media and Information Literacy Curricula Development Guidelines 예시 (UNESCO 2019)

Broad MIL Learning Outcomes		Competencies for Media and Information Literate persons who:
Recognize and articulate a need for information and communications in personal and civic life	1	Are able to recognize, determine and articulate the nature, type, role and scope of the content, institutions and digital technology relevant to personal, social and civic needs and interest; can distinguish between their own needs, and the needs, systems and motives of the content service providers.
Understand the role and functions of providers of information such as libraries, archives, museums, publishers, media, digital communications companies, etc.	2	Are able to understand the necessity and function of media, information and ICT providers in society, and how these institutions can work to aid sustainable development, human solidarity, and uphold open, transparent and inclusive societies.

4) 7PS Core Model(SCONUL, 2011)

○ 영국 국립 및 대학 도서관 협회(SCONUL)에서 제시하고 있는 7PS(Seven pillars of information literacy: Core model for higher education)는 고등 교육 기관에서 적용 가능한 정보 리터러시의 7가지 핵심 역량을 의미함

- 식별(정보의 필요성 이해), 범위(사용할 수 있는 정보 결정), 계획(연구를 위한 전력 개발), 수집(정보 찾기 및 검색), 평가(정보의 품질과 신뢰성을 평가), 관리(정보를 효과적이고 윤리적으로 정리), 표현(정보를 활용하여 새로운 정보 창출) 등의 역량을 체계화한 것으로, 각각의 역량이 동시에 또는 순차적으로 함양되거나 발현할 수 있는 것을 특징으로 하고 있음

5) Standards 모형(ACRL, 2000)

○ 미국 도서관협회 산하 기관인 대학 도서관협회(ACRL)는 지난 2000년에 고등교육을 위한 정보 리터러시의 표준이 되는 5가지 표준을 제시하였음

- 5가지 역량 표준은 ① 필요한 정보의 특성과 범위 결정 역량, ② 필요한 정보에 효과적이고 효율적으로 접근할 수 있는 역량, ③ 정보를 비판적으로 평가하고 자신의 지식 기반에 포함시킬 수 있는 역량, ④ 자신이나 소속된 그룹의 목적에 맞게 정보를 효과적으로 사용할 수 있는 역량, ⑤ 정보를 이용하는 과정에서 경제적, 법적, 사회적 문제를 이해하고 윤리적으로 접근할 수 있는 역량 등임

○ 그러나, 이 역량 표준은 2016년 미국 도서관협회 연례 컨퍼런스에서 고등교육을 위한 정보 리터러시 프레임워크가 공식적으로 채택되면서 ACRL에 의해 폐지되었음. 그러나 많은 국가와 도서관의 각종 계획 수립 등에서 여전히 유용하게 활용되고 있음

6) 디지털 리터러시 평가도구(KERIS, 2022, 2023)

○ 한국교육학술정보원(KERIS)은 초·중학생의 디지털 리터러시 수준을 측정하기 위해 디지털 리터러시 측정 평가의 프레임워크를 개발 및 개선하고 있음

- 2023년에 개발된 디지털 리터러시 측정 프레임워크는 총 5개의 평가 영역(디지털 도구, 디지털 정보·데이터, 디지털 의사소통 및 협력, 디지털 자원 생산, 디지털 안전과 건강)과 11개의 하위 요소로 구성되어 있음

〈표 Ⅱ-3〉 디지털 리터러시 평가 프레임워크(KERIS, 2022)

평가 영역	설명	하위 요소	하위 요소 설명
A. 디지털 도구	디지털 도구(기기, 소프트웨어, 모바일 앱 등)에 대한 이해를 바탕으로 목적에 맞게 활용하는 역량	A1. 디지털 도구의 이해	사용하는 디지털 도구의 기능과 영향을 이해하는 역량
		A2. 디지털 도구의 활용	필요와 목적에 맞게 디지털 도구를 선별하여 원활하게 활용할 수 있는 역량
B. 디지털 정보·데이터	필요한 정보·데이터를 탐색하고, 비판적으로 분석·평가하며 체계적으로 관리할 수 있는 역량	B1. 정보·데이터 탐색 및 수집	디지털 정보·데이터를 목적에 맞게 탐색하거나 수집할 수 있는 역량
		B2. 정보·데이터 분석 및 평가	디지털 정보·데이터의 신뢰성과 적합성을 바탕으로, 비판적으로 분석·비교·평가할 수 있는 역량
		B3. 정보·데이터 관리	디지털 정보·데이터를 체계적으로 관리(저장·분류·활용)할 수 있는 역량
C. 디지털 의사소통 및 협력	디지털 기술을 활용하여 원활한 태도를 가지고 사람들과 소통하고 정보·데이터를 공유하며 협력할 수 있는 역량	C1. 디지털 의사소통	디지털 환경에서 개인 혹은 공동체와 원활하게 소통할 수 있는 역량
		C2. 디지털 협업	디지털 환경에서 공동의 목표를 달성하기 위해 다른 사람들과 협력할 수 있는 역량
D. 디지털 자원 생산	디지털 콘텐츠를 목적과 상황에 맞게 생성하고, 디지털 자원을 활용하여 현실의 상황 및 문제를 해결할 수 있는 역량	D1. 창의적 사고를 활용한 디지털 콘텐츠 생산	목적과 상황에 맞게 창의적 사고를 활용하여 디지털 콘텐츠를 생산(수정·편집·창조)하는 역량
		D2. 컴퓨팅 활용을 통한 프로그래밍 생산	디지털 환경에서 문제해결을 위해 컴퓨팅을 활용하여 프로그램(알고리즘, 소프트웨어, APP 등)을 생산(수정·편집·창조)하는 역량
E. 디지털 안전과 건강	디지털 기기 및 서비스를 안전하고 건강하게 사용할 수 있는 역량	E1. 디지털 안전	디지털 환경에서 자신과 타인을 보호하며, 디지털 기기와 서비스를 안전하고 책임감 있게 활용할 수 있는 역량
		E2. 디지털 건강	디지털 기기 및 서비스의 활용이 개인과 사회에 미치는 영향을 고려하여 건강하게 사용할 수 있는 역량

7) ICILS(국제 컴퓨터·정보 소양 연구, International Computer and Information Literacy Study) (IEA, 2018)

o ICILS(국제 컴퓨터·정보 소양 연구, International Computer and Information Literacy Study)는 여러 국가와 기관에서 진행하는 디지털 리터러시 관련 연구 중 대표적인 사례로, 국제적으로 컴퓨터·정보 소양을 측정하기 위한 도구로 활용되고 있음(IEA, 2018)

- ICILS에서는 컴퓨터·정보 소양(Computer and Information Literacy, CIL)뿐만 아니라 컴퓨팅 사고력(Computational Thinking, CT) 영역이 포함되어 있으며 프레임워크는 컴퓨터·정보 소양(CIL)과 관련된 5개 모듈과 컴퓨팅 사고력(CT)과 관련된 2개 모듈로 구성되어 있음(Fraillon et al., 2018; 김수환 외, 2023; 박상욱 외, 2019)

[그림 II-5] ICILS 중 CIL 영역 및 요소
(출처: Fraillon et al(2018), 재인용, 김수환 외(2023))

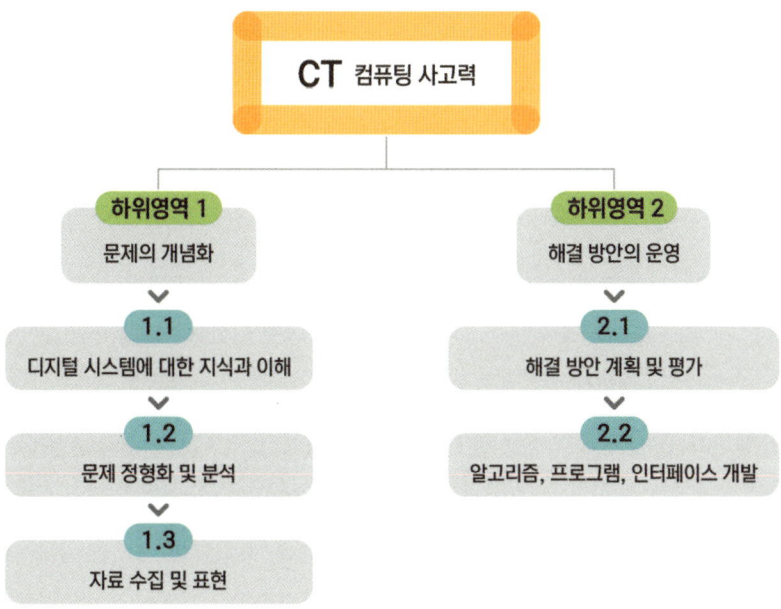

[그림 Ⅱ-6] ICILS 중 CT 영역 및 요소
(출처: Fraillon et al(2018), 재인용, 김수환 외(2023))

다. 도서관에서의 디지털 리터러시 교육 현황
○ 학교 도서관에서는 다양한 미디어 리터러시 교육이 이루어지고 있음

1) 학교 도서관의 미디어 리터러시 교육

○ 학교 도서관에서도 미디어 리터러시 교육을 실천하고자 하는 사서 교사들은 이를 효과적으로 구현하기 위해 다양한 교육 프로그램을 개발하고 있음
○ 학교 도서관에서도 미디어 리터러시 교육을 실천하고자 하는 사서 교사들을 중심으로 미디어 리터러시 교육을 체계적으로 운영하고 교육의 목표를 효과적으로 달성하기 위해 다양한 교육 프로그램을 개발하여 운영하고 있음
○ 김미옥 외(2021)는 『미디어 리터러시 수업』에서는 청소년들이 공감할 수 있는 주제를 중심으로 미디어 이해와 활용 능력을 키우는 수업 사례를 제공하고 있음. 구체적으로, 청소년의 관심사와 고민을 반영한 공부, 취미, 우정, 사랑, 가족, 직업, 돈, 환경, 다문화, 자아 등 10가지 주제를 중심으로, 관련 도서와 미디어 자료를 활용한 수업을 구성하고 실천 활동을 통해 학습 내용

을 정리·적용하도록 관련 자료를 제시하고 있음. 또한, 주제와 관련된 교육과정의 성취 기준도 제시하여 학교 도서관에서 미디어를 활용한 미디어 리터러시 교수·학습 활동을 체계적으로 수행할 수 있도록 하고 있음

- 제시된 다양한 교육 사례들은 Big6 모델을 기반으로 작성하였으며, 사서 교사가 단독으로 수업하거나 관련 교과 교사와 협력하여 수업할 수 있도록 구성하였음. 주제별 미디어 리터러시 수업 진행 순서는 다음 그림과 같음. 제시된 교수·학습 모형은 책을 먼저 주의 깊게 읽고 그 내용을 공유하여 재확인한 다음, 주제와 연계하여 매체별 특성을 충분히 반영할 수 있도록 하고 있는데, 학교 도서관은 이러한 활동을 쉽게 운영하기 위해 최적화된 장소이기 때문에 활용도가 높을 것으로 기대됨. 수업에서는 도서와 미디어를 활용하여 정보를 수집하고 정리하며 새로운 정보를 창출하고 표현하는 과정을 통해 미디어 리터러시 역량을 제고하고, 이를 다른 사람과 공유하면서 참여와 상호작용의 시민성을 함양하도록 하고 있음
- 현직 교사들의 실질적이고 구체적인 수업 운영 사례들을 정리하여 제시한 이 수업 모형은 교과 연계, 방과 후 수업, 창의적 체험활동 등을 활용하여 수업하고, 다양한 인적·물적 자원을 적극적으로 활용할 수 있도록 안내하고 있음. '다문화'를 주제로 하는 중학교 1학년 대상의 교과 연계 도서관 활용 수업의 사례를 살펴보면 다음과 같음

2) 공공도서관의 미디어 리터러시 교육

○ 공공도서관들의 미디어 리터러시 교육 서비스 실태와 사례를 분석한 연구 결과(이명규 외, 2021), 다양한 시민을 대상으로 다양한 주제의 미디어 리터러시 프로그램이 운영되고 있음
- 자체적으로 프로그램을 개발하여 제공하기보다는, 한국언론진흥재단과 같은 외부 기관과 협력하여 운영하는 프로그램이 중심을 이루고 있음
- 교육은 대체로 단기 프로그램, 특강, 체험 교육 형태로 구성되었으며, 내용 면에서도 유사한 주제가 반복되는 경향이 있음. 주요 대상층은 초등학생과 학부모였으며, 일부 도서관에서는 청소년이나 노인 계층을 위한 교육도 함께 제공하고 있음

3) 국가 기관에서의 미디어 리터러시 교육

○ 한국언론진흥재단: 미디어 리터러시 교육을 위한 미디어아카데미(KPF 미카)를 운영하고 미

디어 리터러시 교육을 시행하고 있음
- 수업 자료실에서는 교사들이 활용할 수 있는 수업지도안, 수업자료, 사업 결과물 등을 포함하고 있음. 수업지도안에는 다문화, 특수학급 대상자, 시니어를 대상으로 하는 지도안이 포함되어 있음

[그림 Ⅱ-7] 한국언론진흥재단: 미디어 리터러시 교육을 위한 미디어 아카데미(KPF 미카)
(출처: https://www.meca.or.kr/home?type=MEDIA, 2025년 8월 19일에 인출)

- 또한, 미디어 교육 학습공동체 활동을 통해 다양한 미디어 리터러시 프로그램을 개발함

[그림 Ⅱ-8] 한국미디어리터러시교육협회 학습공동체 결과물: 디지털·AI 미디어 교육프로그램
(한국언론진흥재단, 2024)

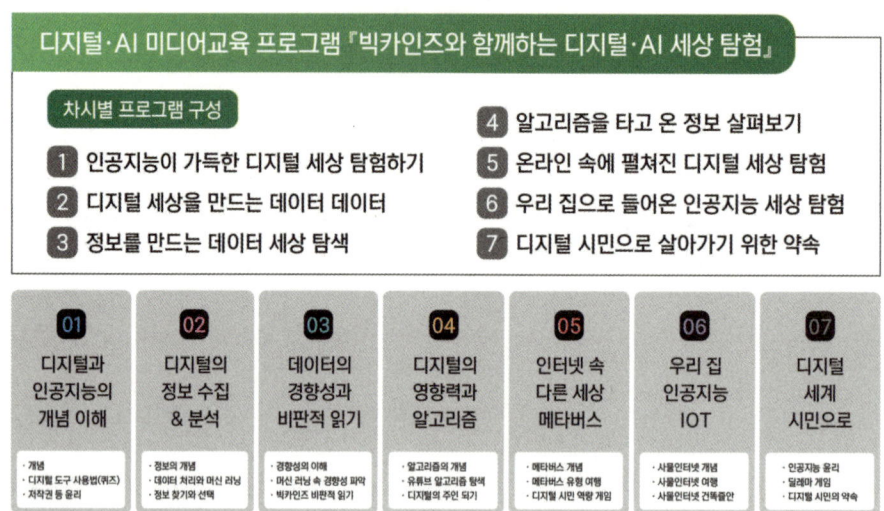

○ **시청자미디어교육재단**: 미디어 전문 기관으로 권역별 지역센터를 운영하여 미디어 교육 자료, 전문지, 수업지도안 등의 정보를 제공함. 특히, 시청자미디어교육재단이 운영하는 미리내에서는 교사, 학생을 대상으로 하는 교수학습 자료 등을 제공하고 있음

[그림 Ⅱ-9] 시청자미디어재단의 미리내
(출처: https://www.miline.or.kr/mps, 2025년 8월 19일에 인출함)

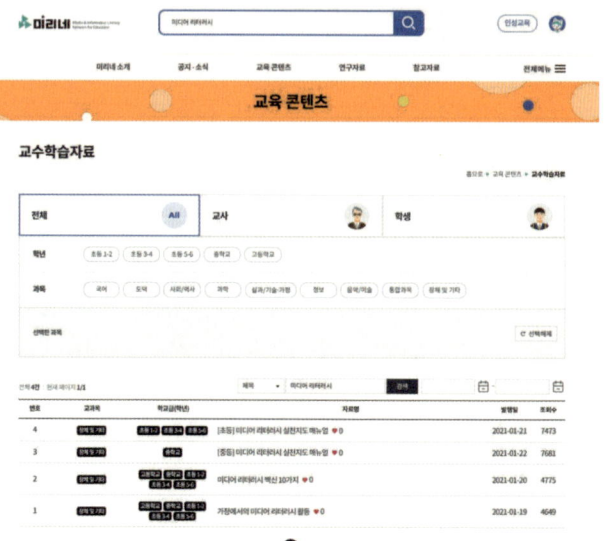

- 또한 권역별 센터에서는 디지털 리터러시를 위한 다양한 프로그램을 제공함

[그림 II-10] 세종 시청자미디어프로그램 강좌 예시
(생성형 AI로 전달력 있는 유튜브 컨텐츠 만들기)

차시	역량	차시명	교육목표	교육 내용	활동내용(요약)
1	접촉·이용 이해·분석	AI와 대화하기	챗봇 AI 기능을 사용해본다.	· ChatGPT 앱 음성 채팅 · perplexity로 검색	· AI와 대화 · AI 검색
2	접촉·이용 이해·분석	AI로 컨텐츠 기획하기	AI로 기획에 필요한 아이디어를 얻는다	· AI 마인드맵 생성 · GPT 탐색 활용하기 · AI 번역	다양 AI 앱으로 컨텐츠를 기획하기
3	표현·소통	AI로 글과 소리 생성하기	· AI로 컨텐츠를 위한 글과 소리를 생성한다. · 이미지에 어울리는 음악을 AI로 생성 한다.	· 유튜브 대본을 AI로 생성하기 · AI 음악 생성	AI 글쓰기, 음악 만들기
4	표현·소통	AI로 이미지 생성, 변형	· 컨텐츠 내용에 맞는 이미지를 생성, 편집한다. · 어울리는 음악을 생성한다.	· adobe express로 이미지 생성 · 이미지에 다양한 효과 더하기 · 배경음악과 합치기	· 이미지 생성, 편집 · 음악 편집
5		AI로 영상 생성하기	AI로 영상을 편집 한다.	필모라 영상 편집	AI로 생성한 자료 편집
6	표현·소통 권리·책임	· 제작한 영상 감상 · AI 윤리	· AI로 제작한 영상을 함께 감상한다.	· 수강생 작품을 함께 감상하여 소감 나누기 · AI를 악용하는 사례를 고민해보고 올바른 방향으로 활용하는 다짐하기	· 작품 감상 · AI와 함께하는 미래 고민하기

PART

III

사서 교사 요구 분석

1. 연구 절차 및 방법
2. 연구 참여자
3. 연구 도구
4. 자료 분석 방법
5. 요구 분석 결과

1. 연구 절차 및 방법

○ 최근 전 세계적으로 도서관이라는 환경이 종이책에 제한적인 공간이 아닌 학생들과 주민들에게 정보와 문화적 학습을 위한 다양한 교육 프로그램이 제공되고, 다양한 시청각 자료와 뉴미디어를 통한 교육 및 메이커스페이스를 활용한 창작의 장소로 변화하고 있음(김현성, 2021; 박소연·이연수, 2021)

○ 초·중·고 학교 도서관에서도 학생들을 대상으로 학교급 및 수준, 관심에 따라 다양한 양식의 매체와 미디어를 통한 독서를 지원하고, 이를 통해 문제해결을 수행할 수 있는 역량인 리터러시 교육에 대한 역할이 중대하고 있음

- 하지만, 학교 도서관 현장에서 수행해야 하는 리터러시 교육과 실천에 대한 영향 측면에서 많은 도전과 과제를 가지고 있음이 지속적으로 논의되고 있음(Kumpulainen & Sefton-Green, 2020)

○ 이러한 배경하에서 우리나라 초·중·고 학교 도서관에서 사서 교사들이 학생들을 대상으로 수행하고 있는 다양한 교육 프로그램에 대한 이해와 교육 수행을 위한 환경 및 맥락 등에 대한 이해를 기반으로, 학교 도서관에서 수행할 수 있는 디지털 리터러시 교육 프레임워크를 개발하기 위해 사서 교사를 대상으로 요구 분석을 실시하였음

- **심층 면담 수행**: 우선 학교 도서관 현장을 이해하고 학교 도서관에서 수행하고 있는 다양한 교육 프로그램의 목적과 방법 등을 기반으로 디지털 리터러시 교육에 대한 요구를 분석하기 위해 5인의 사서 교사들을 대상으로 심층 면담을 수행하였음

- **요구 분석 설문 실시**: 심층 면담을 통해 도출한 디지털 리터러시 교육 프레임워크를 기반으로 각 성취 요소에 따른 사서 교사들의 중요도 및 수행도 등을 분석하여 요구도가 높은 항목 및 최종 디지털 리터러시 교육 프레임워크를 도출하기 위한 요구 분석을 실시함

○ **(심층 면담)** 심층 면담은 반구조화된 인터뷰로 실시하였으며, 디지털 리터러시 교육을 수행해 본 경험을 가진 교사와 경험이 없는 교사들 모두가 요구 분석 대상이 될 수 있기 때문에, 초·중·고 학교 도서관에서 사서 교사의 교육 및 환경, 역할 등에 대한 논의를 우선 수행하고, 이를 기반으로 디지털 리터러시 교육에 대한 논의를 수행하는 방향으로 면담 조사지를 구성하였음

- 심층 면담은 우선 초·중·고 학교급별 1인 이상의 교사와 디지털 리터러시 교재를 직접 개발한 경험을 가진 우수 선도 사서 교사를 포함하여 총 5인을 대상으로 수행하였고, 미리 면담의 목적과 면담 시 질문 사항을 간단히 작성할 수 있도록 이메일로 발송하였으며, 자발적인 참여 의사를 확인한 후, 지역별로 직접 학교 도서관을 방문하거나, 또는 먼 거리 지역의 경우 줌을 활용한 심층 면담을 수행하였음
- 심층 면담은 우선 면담의 목적을 설명한 후, 참여자의 동의를 받아 약 한 시간 정도 진행하였음, 면담을 시행하기 전 미리 조사지를 작성하여 이메일로 받은 후, 연구자들이 응답한 내용을 살펴보고 추가로 질문할 사항이나 응답지에 작성된 내용을 기반으로 궁금한 사항들을 중심으로 면담을 수행하였음

○ **(설문조사)** 선행 연구 및 선행 사례 등을 분석하였고, 심층 면담을 통해 분석한 내용을 기반으로 국내 초·중·고 학교 맥락에서 적용 가능한 범위 등을 고려하여 디지털 리터러시 교육 프레임워크 초안을 개발한 후, 이를 바탕으로 설문을 통해 국내 초·중·고 학교 도서관 사서 교사들이 수행 가능한 실천적인 교육 프레임워크를 도출하기 위해 영역별 요소별 성취 예시를 도출하여 중요도와 수행도를 5점 리커트 척도로 응답하도록 하였음

- 설문은 구글 설문지로 구성하여 온라인 링크 형태로 응답할 수 있도록 하였으며, 설문의 배포는 전국사서교사협의체를 통해 사서 교사들이 쉽게 접근 가능한 커뮤니티 및 다양한 소통 채널을 활용하여 배포하였음. 설문에 응답한 대상자에게 기프티콘이 제공되었으며, 설문에 자발적으로 참여하는 것에 동의한 사서 교사를 대상으로 수행하였음
- 설문은 2025년 1월 약 일주일간 수행되었음

2. 연구 참여자

○ 심층 면담 대상자는 먼저 학교급별 학교 맥락이 다를 수 있다는 점에서 초·중·고 사서 교사 1인씩을 섭외하였고, 미디어 리터러시 교육과 관련된 활동을 활발하게 수행하고 있어 최근 관련 교재를 개발한 경험을 가진 선도 사서 교사 2인을 포함하여 총 5인을 대상으로 수행하였음

<표 III-1> 심층 인터뷰 참여 대상자 프로파일

No	학교급	전공	지역	학위	경력	디지털 리터러시 수준	인터뷰
1	초	문헌정보학	경기	석사	5년 9개월	3	온라인
2	중	문헌정보교육	세종	학사	7년 11개월	4	대면
3	중	문헌정보교육	전남	학사	23년 8개월	3.5	온라인
4	고	문헌정보교육	세종	석사	16년 8개월	4	대면
5	고	문헌정보교육	충북	석사	9년 9개월	1	대면

- 심층 면담에 참여한 교사의 사서 경력은 약 5년 정도의 초임 교사부터 23년 이상의 경력 교사까지 다양한 것으로 나타났으며, 디지털 리터러시 수준은 매우 낮은 1부터 높은 편인 4까지 다양한 교사들이 참여한 것으로 나타남
○ 설문조사의 경우, 총 756명의 사서 교사를 대상으로 본 설문에 참여하였음.
- 연구 참여자가 주로 교육을 담당하는 학년을 중복으로 조사하여 조사한 결과는 아래 표와 같음. 중복 응답이 가능한 문항으로, 총 응답 수는 910개였으며, 중 222명이 중등학교 담당으로 전체의 약 30%를 차지하였음. 다음으로는 초등학교 3~4학년 담당이 172명(22.75%)으로 많았고, 초등학교 1~2학년 담당이 38명(5.03%)으로 가장 적었음

<표 III-2> 연구 참여자 담당 학년

학년	합계(명)	비율(%)
초등학교 1~2학년	92	10.11
초등학교 3~4학년	265	29.12
초등학교 5~6학년	72	7.91
중등학교	226	24.84
고등학교	114	12.53
교육은 수행하지 않고 도서관 사서 업무만 수행	141	15.49
합계	910	100

- 설문 참여자의 교사로서의 경력을 조사한 결과는 아래 표와 같음. 설문 참여자 중 '5년 이상 ~ 10년 미만'의 경력을 가진 교사가 348명(46.03%)으로 가장 많이 차지했음. 다음으로 '5년 미만'

의 경력을 가진 교사가 302명(39.95%)으로 많았고, '20년 이상'이 11명(1.46%)으로 가장 적었음

〈표 III-3〉 연구 참여자 교사 경력

학년	합계(명)	비율(%)
5년 미만	302	39.95
5년 이상 ~ 10년 미만	348	46.03
10년 이상 ~ 15년 미만	67	8.86
15년 이상 ~ 20년 미만	28	3.70
20년 이상	11	1.46
합계	756	100

3. 연구 도구

○ **(심층 면담)** 심층 면담 조사지는 반구조화된 형태의 인터뷰를 수행하기 위해 기본적으로 연구의 목적에 따라 초·중·고 학교급별 학교 도서관의 환경과 교육 맥락을 이해할 수 있는 부분과 교육 전반에 대한 이해, 향후 디지털 리터러시 교육이 수행된다면 사서 교사의 요구 및 방향 등에 대한 생각을 공유할 수 있도록 구성하였음

- 사서 교사의 교육 활동과 맥락적 상황을 이해하고 초·중·고 학교 현장에서 실질적으로 수행하고 있는 다양한 교육 활동으로부터 심층적인 요구를 도출하고자 활동 이론(activity theory)을 기반으로 심층 면담 조사지의 틀을 구성하였음

- 활동 이론(Activity theory)은 사람들의 과업을 일(Task) 자체에 대한 이해에서 나아가 맥락 속에서 실질적인 활동과 주변의 상황을 분석할 수 있도록 지원하는 사회·심리학적인 이론을 기반으로 한 틀로 활용됨(Nadler, 1971). 즉, 활동 이론은 활동의 주체자뿐 아니라 활동이 이루어지는 맥락, 그리고 주변 사람들과 협력 및 도구 등을 분석하여 활동의 목적과 관련 자원 등을 탐색하고 분석할 수 있는 통찰적 틀로 활용할 수 있음(Engestrom, 1999; Engestrom, 2001).

- 본 연구에서도 사서 교사들이 실질적으로 수행하는 교육 활동을 이해하기 위해 맥락을 분석하고 주변 커뮤니티와 어떻게 협업하고 교육 업무를 수행하며, 교육을 수행하면서 어떤 도구와 자원을 활용하여 교육을 효율적으로 운영하는지와 효과적인 교육을 위한 촉진 요인(facilitating

factors) 또는 방해 요인(conflicting factors)을 분석(Yamagata-Lynch, 2003; Yamagata-Lynch, 2007)하기 위해 활동 이론의 틀을 활용하였음
- 심층 면담을 위한 사전 질문지의 구성 방향은 다음 〈표 Ⅲ-4〉와 같음

〈표 Ⅲ-4〉 심층 인터뷰 질문지의 구성

No	구성요소	의미 및 역할	
1	연구 목적 및 프로파일 작성	- 연구 목적 설명 - 심층 면담 참여에 대한 동의서 작성 - 간단한 프로파일(이름, 소속, 학력, 전공, 교육 경력, 디지털 리터러시 수준 등)	
2	용어 논의	- 디지털 리터러시, 미디어 리터러시, 정보 리터러시, 디지털 미디어 리터러시에 대한 친숙도 및 용어 정의	
3	디지털 리터러시 교육 또는 그 외 다른 교육 경험	유	- 디지털 리터러시 교육 경험: 목적, 방법, 대상, 장소 등 학교 도서관에서 수행하는 교육에 대한 경험 공유 - 디지털 리터러시 관련 연수 경험
		무	- 디지털 리터러시 교육의 필요성에 대한 생각
		그 외 다른 교육 포함	- 다른 교육 경험: 목적, 방법, 대상, 장소 등 학교 도서관에서 수행하는 교육에 대한 경험 공유 - 교육을 위해 준비해야 하는 절차, 방법, 규칙, 필수 활동 등 - 교육을 위해 도움을 받는 동료 교사 또는 주변 교사와의 관계 - 교육 활동에 필요한 자원 또는 도구 등 - 교육이 필요한 목적 또는 방법 등
4	향후 디지털 리터러시 교육	- 교육 방향 및 방법 - 교육 목적 - 필요한 도구 및 자원 - 다른 동료 교사 및 주변 사람들과의 도움 - 준비 절차와 방법, 규칙, 필수 활동	
5	기타	- 기타 말하고 싶은 사항 및 자유로운 의견	

○ **(설문조사)** 설문조사의 문항은 배경 요인(성별, 담당 학년, 경력)과 학교 도서관의 디지털 리터러시 교육 프레임워크 개발의 타당성을 확보하고 교육요구도를 파악하고자, 디지털 리터러시 교육의 주요 영역과 하위 요소를 기반으로 중요도와 실행 가능성(또는 실행 예정도)의 차이를 조사할 수 있도록 구성하였음

- 디지털 리터러시 교육의 주요 영역은 총 3개 영역으로 첫째, 디지털 미디어·정보를 탐색·활용·관리하기, 둘째, 디지털 의사소통 및 협업을 통해 아이디어 도출하기, 셋째, 디지털 콘텐츠를 생산·개선·실천하기의 세 가지 영역이 포함됨. 또한, 이들은 총 12개의 하위 요소로 세분화되어 있으며, 요소별로 성취 수행 예시를 포함하고 있음
- 디지털 리터러시 교육의 주요 영역 및 하위 요소를 도출하기 위해 세 단계를 거쳤음. 첫째, 선행 문헌 및 사례 분석을 수행하였음. 이를 통해 도서관에서 활용되는 디지털 리터러시, 디지털 미디어 리터러시 등과 관련된 개념을 탐색하고, BIG6 모델, Information Literacy Assessment Framework(UNESCO, 2013), 7PS Core Model(SCONUL, 2011) 등의 기존 프레임워크와 학교 도서관 교육 맥락에서 적용된 디지털 리터러시 교육 사례를 검토하여 주요 요소와 교육적 시사점을 도출하였음. 둘째, 심층 면담을 통해 사서 교사의 현장 경험과 교육적 요구를 분석하였음. 이를 위해 초·중·고 사서 교사 5인을 대상으로 반구조화된 인터뷰를 진행하였으며, 사서 교사들이 수행하는 교육의 실제적 환경과 디지털 리터러시 교육에 대한 필요성, 교육 운영의 어려움 등을 조사하였음. 셋째, 요구 분석 설문을 통해 디지털 리터러시 교육의 주요 영역 및 하위 요소를 도출하고, 교육 현장에서의 실행 가능성과 중요도를 평가하였음. 이를 위해 전국 초·중·고 사서 교사를 대상으로 온라인 설문을 실시하였으며, 요소별 성취 목표의 타당성과 우선순위를 분석하였음. 이러한 과정을 통해 디지털 리터러시 교육의 핵심 영역과 하위 요소를 체계적으로 정리하고, 학교 도서관 교육 맥락에서 적용 가능한 실천적 프레임워크를 개발하였음

<표 Ⅲ-5> 학교 도서관 맥락에서 디지털 리터러시 교육 프레임워크 초안

영역	하위 요소	성취 수행 예시	선행 문헌 및 심층 면담 결과
A. 디지털 미디어·정보를 탐색·활용·관리하기	A1. 주제(문제)에 대한 미디어·정보 검색 및 데이터 수집하기 주어진 주제에 대한 디지털 미디어·정보를 목적에 맞게 검색하고, 전략적으로 탐색하여 문제해결에 적합한 미디어 및 정보를 수집할 수 있는 역량	A1-1. 문제해결을 위해 주제와 관련된 관심 키워드를 추출하고 질문을 구체화하여, 나만의 과제를 도출할 수 있다.	권성호, 김성미(2011) 국립어린이청소년도서관 (2023) 김미옥 외(2021) 박주현 외(2021) 백순근 외(2010) 부산광역시교육청(2020) 서진완(2000) 신소영, 이승희(2019) 이철현, 전종호(2020) 정현선 외(2015) 조상은(2023) 최숙영(2018) ACARA(2021) ACRL(2000) Eisenberg & Berkowitz,(1990) EU(2017) Hobbs(2011) KERIS(2024) ICILS(2018) JRC(2017) UNESCO(2013) Wilson et al.(2015)
		A1-2. 학교 도서관 서비스 또는 시스템(독서로 등)을 활용하여 도서관 데이터베이스와 분류체계를 이해하고, 특정 주제와 관련된 적합한 자료를 효과적으로 찾을 수 있다.	
		A1-3. 문제해결을 위해 어떤 종류의 미디어 또는 정보를 활용할 것인지를 논의할 수 있다.	
		A1-4. 주제와 관련된 미디어 또는 정보를 검색하기 위해 검색 조건 및 검색어 등을 설정하고, 그에 맞춰 검색 방법을 조정할 수 있다.	
		A1-5. 인터넷, 응용 소프트웨어, AI 챗봇, 디지털 콘텐츠 등을 활용하여 문제해결을 위한 자료를 수집할 수 있다.	
		A1-6. 특정한 주제를 찾기 위해 가장 적절한 검색 엔진 및 연산자(AND, OR, NOT 등)를 선택할 수 있다.	
		A1-7. 주제와 관련된 미디어, 정보, 문화 콘텐츠의 특성을 이해하고 이를 활용할 수 있다.	
		A2-1. 내가 찾은 정보가 신뢰할 수 있는 정보 원천을 가졌는지를 평가할 수 있다.	
		A2-2 내가 찾은 정보가 사실인지 의견인지를 구분하여 제시할 수 있다.	

	A2. 미디어·정보를 분석적이면서 비판적으로 이용하기 디지털 미디어·정보의 신뢰성과 적합성을 바탕으로, 비판적으로 분석·비교·평가하여 이를 문제해결에 이용할 수 있는 역량	A2-3. 디지털 정보를 효과적으로 활용하여 비판적으로 평가하고 정보에 기반한 결정을 내릴 수 있다.	
		A2-4. 검색한 정보가 문제해결에 유용한 내용을 담고 있는지를 평가할 수 있다.	
		A2-5. 검색한 정보에 오류나 숨겨진 의도가 있는지를 파악할 수 있으며 어떤 목적으로 미디어 또는 정보가 만들어졌는지를 생각할 수 있다.	
		A2-6. 추출된 정보에 대해 평가 기준을 세워 중요도와 우선순위를 평가할 수 있다.	
		A2-7. 수집한 정보를 바탕으로 문제해결에 관련성, 주제, 키워드 등을 파악하고, 가치와 의미를 비판적으로 생각할 수 있다.	
		A2-8. 수집한 정보를 분석하고 체계적으로 정리하여 문제해결 과제 및 연구 결과(보고서, 요약자료 등)의 데이터로 활용할 수 있다.	
	A3. 정보·데이터를 목록화하고 관리하기 디지털 정보·데이터를 체계적으로 분류 및 목록화하고, 이를 저장·관리할 수 있는 역량	A3-1. 자신이 찾은 정보 및 내용을 요약하여 문제해결에 활용할 수 있도록 정리하고 목록화할 수 있다.	
		A3-2. 자신이 찾은 정보를 관리하는 데 체계적인 도구를 선택하여 디렉터리에 파일 구조를 생성하고 폭폭별로 저장하여 관리할 수 있다.	
		A3-3. 자신이 찾은 정보를 문제해결에 활용하기 위해, 자신만의 형태의 정보 파일(표, 이미지(캡처), 다이어그램, 요약문 등)로 변환하거나 구조화하여 표현할 수 있다.	

영역	하위 요소	성취 수행 예시	선행 문헌 및 심층 면담 결과
B. 디지털 의사소통 및 협업을 통해 아이디어 도출하기	B1. 디지털 의사소통을 통한 정보·데이터 공유 및 소통하기(확산적 아이디어 공유 과정) 디지털 도구를 활용하여 정보·데이터를 공동체와 공유하고 소통할 수 있는 역량	B1-1. 자신이 찾는 정보·데이터를 다른 사람과 공유할 수 있도록 주어진 템플릿이나 틀에 맞게 요약·변환할 수 있다.	심층 면담 & ICILS(2018), 김미옥 외(2021), 정현선 외(2015), UNESCO(2013) UNESCO(2019). Eisenberg & Berkowitz,(1990) Hobbs(2011) KERIS(2023)
		B1-2. 정보·데이터를 다른 사람과 공유하기 위해, 목적 및 형태에 적합한 도구를 선택할 수 있다.	
		B1-3. 효과적인 의사소통 방법이나 소통·공유 도구를 활용하여, 협업 작업을 설정할 수 있다.	
		B1-4. 디지털 상호 작용 과정에서 자신의 감정이나 의견을 적절하게 표현할 수 있다.	
		B1-5. 온라인에서 의사소통과 협업을 할 때 지켜야 할 예절에 대해 설명할 수 있다. (예: 미디어 공유 신중하게 하기, 저작권법 잘 지키기, 개인정보 보호를 위해 노력하기)	
		B1-6. 자신이 찾은 정보 및 미디어 콘텐츠의 내용을 정확하게 이해하고, 효과적인 미디어를 통해 자신의 생각과 느낌을 표현할 수 있다.	
	B2. 디지털 협업을 통해 도출한 아이디어를 통합하여 제시하기(수렴적 아이디어 도출 과정) 디지털 도구 및 정보를 활용하여 다른 사람들과 협업을 통해 도출한 아이디어를 수렴적으로 제시할 수 있는 역량	B2-1. 다양하게 수집된 정보와 의견을 바탕으로 사회적 의사결정에 적극적으로 참여할 수 있다.	
		B2-2. 다른 사람과 협업하고 상호작용을 하기 위한 적절한 디지털 기술(예: 마인드맵, 포스트잇 보드 등)을 활용할 수 있다.	
		B2-3. 분석한 정보를 소셜 미디어 또는 협업 플랫폼 등에 아이디어를 표현할 수 있다.	
		B2-4. 정보·미디어를 활용하여 문제해결에 의미 있는 결과를 도출하기 위해 소통할 수 있다.	
		B2-5. 정보·미디어를 활용하여 최적의 아이디어를 도출하고 수렴적인 아이디어를 제안할 수 있다.	

영역	하위 요소	성취 수행 예시	선행 문헌 및 심층 면담 결과
C. 디지털 콘텐츠를 생산·개선·실천하기	C1. 문제해결을 위해 창의적인 아이디어를 큐레이션하여 디지털 콘텐츠로 생산하기 문제해결 관점에서 목적과 상황에 맞게 디지털 콘텐츠를 창의적으로 수정·편집·창조할 수 있는 역량	C1-1. 수집된 정보와 협업의 과정을 통해 도출한 정보를 수렴된 하나의 형태인 문제해결 결과로 창출할 수 있다.	권성호, 김성미 (2011) 국립어린이청소년도서관(2023) 김미옥 외(2021) 박주현 외(2021) 백순근 외(2010) 부산광역시교육청 (2020) 서진완(2000) 신소영, 이승희 (2019) 이철현, 전종호 (2020) 정현선 외(2015) 조상은(2023) 최숙영(2018) ACARA(2021) ACRL(2000) Eisenberg & Berkowitz(1990) EU(2017) Hobbs(2011) KERIS(2024) ICILS(2018) JRC(2017) UNESCO(2013) Wilson et al.(2015)
		C1-2. 디지털 콘텐츠를 생성하기에 가장 적합한 방식의 디지털 도구를 선정할 수 있다.	
		C1-3. 아이디어를 큐레이션 하여 프레젠테이션, 이미지, 도표, 글, 보고서, 뉴스레터, 유튜브, 블로그 등으로 문제해결 아이디어를 효과적으로 표현할 수 있다.	
		C1-4. 문제해결 솔루션을 통합적인 형태의 창의적인 콘텐츠(예를 들어, 애니메이션, 앱, 영상 등)로 재생산하여 종합할 수 있다.	
		C1-5. 아이디어를 구체화하기 위해 간단한 형태의 시제품(모형, 만들기 작품 등)이나 프로토타입(교구 활용 작품)으로 제작할 수 있다.	
	C2. 생산한 디지털 콘텐츠를 평가하고 개선하기 문제해결 측면에서 효과성, 효율성, 감성, 안정성, 공평성, 보편성 등 다양한 관점에서 평가하고 개선할 수 있는 능력	C2-1. 아이디어에 대한 사회적 책임이나 윤리적 이슈를 고려하고 이를 성찰할 수 있다.	
		C2-2. 도출된 아이디어 해결안에 대해 자신의 생각과 느낌을 공유하고 이를 평가하여 개선할 수 있다.	
		C2-3. 동료 학습자의 의견을 바탕으로 성찰하며, 그것이 미칠 수 있는 영향을 생각할 수 있다.	
		C2-4. 도출된 아이디어가 사회에 미칠 영향을 논의하고 평가할 수 있다.	
		C2-5. 아이디어의 효과성, 효율성, 감성, 안정성, 공평성, 보편성 등 다양한 관점에서 평가하고 이를 개선할 수 있다.	
		C2-6. 아이디어를 개선하기 위해 실질적인 사용자에게 인터뷰나 설문조사를 수행하여 이를 평가하고 개선 방안을 도출할 수 있다.	

	C3. 문제해결 아이디어를 실천할 수 있도록 공유 및 다른 사람과 함께 향유하기 디지털 도구를 활용하여 문제해결 아이디어를 학교 구성원 및 주변 사람들에게 적극적으로 실천하기 위해 공유하고 향유할 수 있는 역량	C3-1. 문제해결 아이디어를 실질적으로 실천할 수 있는 방안을 모색하기 위해 가족 구성원, 직장, 커뮤니티에 지식을 공유할 수 있다.	
		C3-2 문제해결 아이디어를 실행하기 위해 우리가 할 수 있는 실천 공약을 생각할 수 있다.	
		C3-3. 아이디어의 실천을 촉진하기 위해 소셜미디어 또는 다양한 플랫폼을 활용하여 실천적 형태의 산출물로 공유할 수 있다.	
		C3-4. 산출물을 공유하는 과정에서 저작권 문제, 출처, 개인정보 및 초상권 보호 등을 지켜 안전하게 공유할 수 있다.	
		C3-5. 사회적 참여의 과정에서 디지털 자기 정체성(온라인 환경에서 자신의 평판)을 관리하고, 디지털 예절을 지킬 수 있다.	
		C3-6. 자신이 생산한 콘텐츠를 디지털 미디어를 활용하여 다른 사람과 함께 향유할 수 있다.	

4. 자료 분석 방법

○ (심층 면담) 심층 면담의 모든 내용은 녹음하였으며 전사되었음. 심층 면담의 응답지와 전사된 내용의 질적 분석을 위해 본 연구에 참여한 전문적 지식을 갖춘 2명의 연구자는 각자 개별적으로 자료를 내용 분석하였고, 이를 기반으로 디지털 리터러시 교육에 요구되는 역량과 요소들을 목록화하고 이를 범주화하는 과정을 수행하였음. 또한, 각각의 연구자가 도출한 영역 및 하위 요소, 성취 수준 예시 등 범주화 결과를 바탕으로 반복적인 논의를 통해 분석 결과를 비교하였고, 2차적으로 영역, 하위 요소, 성취 목표 예시 등에 대한 정의를 논의하면서 연관성과 유사성을 바탕으로 디지털 리터러시 교육 프레임워크에 대한 초안을 도출하였음

○ (설문 분석) 설문 결과는 SPSS 26.0과 엑셀(Excel)로 분석함.

- 설문 참여자의 일반적 특성, 근무 관련 특성, 연수 관련 특성에 대해서는 빈도분석을 실시하였으며, 연속형 변수 및 만족도 척도 문항에 대해서는 기술통계 분석을 실시함. 사서 교사의 디지털 리터러시 교육에 대한 요구를 구체적으로 파악하기 위해, 디지털 리터러시 역량 요소에 대

해 '현재 교육 현장에서 적용하고 있는 정도(실행도)'와 '중요하다고 인식하는 정도(중요도)'의 차이를 분석하였으며, 이를 위해 Borich 요구도 분석 방법을 활용함. 산출된 내용을 The Locus for Focus Model을 이용하여 세부적으로 검증함.

5. 요구 분석 결과

가. 인터뷰 분석 결과

1) 용어

○ (용어 친숙도) 대체로 미디어 리터러시라는 용어가 친숙한 것으로 나타났지만, 디지털 미디어 리터러시라는 용어도 사용하였고, 최근에는 디지털 리터러시라는 포괄적인 용어로 사용하고 있음을 논의함

- 디지털 리터러시라는 용어로 활용하는 것에는 대체로 동의함

2) 디지털 리터러시 교육 경험

○ (경험 여부) 중학교 및 고등학교의 경우 교육 시수 확보가 가능한 교사의 경우 유사한 형태의 리터러시 교육 경험을 가지고 있으나, 대체적으로 매우 제한적인 형태의 교육을 수행한 경험을 가지고 있음

- 초등학교 교사의 경우, 전 학년 대상 교육 시수 확보가 어렵기 때문에 정규 수업 형태보다는 단기성 교육으로 진행하는 사례가 있음

- 교과 융합을 통한 수업이 진행되는 경우가 있고, 타 교과에서 특정 시간에 도서관을 활용한 수업을 요청받는 상황에서 디지털 리터러시 교육의 하나로 정보 활용 및 윤리 교육 등이 수행되는 경우가 있음

○ (교육 목적) 공동 교육과정 개설, 고등학교 고교학점제 개설 수업, 자유학기제 주제 선택 수업, 다른 교과와 협업 수업, 동아리 활동 수업 등 학교급별로 수업 목적과 수업 개설 방법, 시수 등이 매우 다양한 것으로 나타남

○ (연수 경험) 연수원에서 수행하는 원격 연수, 현장 맞춤형 연수, 직무 연수, 관내 심화 연수, 사서 교사 대상 교육청 연수 등 개별적으로 교사의 의지에 의해 연수를 신청하거나 참여하는 경

우가 대체적으로 많은 것으로 나타남

3) 디지털 리터러시 외 다른 교육 경험

○ (교육 프로그램 종류) 독서 교육이 가장 많이 수행되는 것으로 나타났으며, 유사하게 문해력 향상 프로그램, 생활기록부를 목적으로 수행하는 독서 프로그램, 작가 강연회 등 이벤트성 교육 프로그램, 소규모 글쓰기 또는 토론반 운영 등 동아리 또는 방과후 활동, 도서관 이용 교육 및 정보 활용 교육 등을 수행한 경험을 가지는 것으로 나타남

- 학교급별로 매우 교육 시수 및 교육 프로그램이 다르지만, 일반적으로 독서 및 글쓰기, 토론, 도서관 이용 및 정보 교육 등은 기본적으로 가장 많이 수행되는 교육으로 나타남
- 그런데도 학교급 또는 학교의 상황에 따라 사서 교사의 수업 시수 확보 및 정규 수업을 위한 시수가 고정적이지 않기 때문에 도서관에서 다른 교과 수업과 유사한 형태의 교육과정 및 수업 모듈을 구성한 형태의 형식적 교육이 이루어지기 어려움

○ (교육 도구 및 자원) 최근 도서관을 증축하거나 개선 사업을 받은 경우 미디어 및 태블릿 등을 활용할 수 있는 환경이 잘 갖추어진 것으로 나타났으며, 도서관 개선이 어려운 경우 타 사업과 연계하여 교육 시설 등을 확보하려는 노력이 수행되고 있으나 아직 충분한 교육 시설을 갖추지 못한 사례도 있음이 논의되었음, 이러한 교육 시설을 활용하여 고등학교의 경우 수업으로 만들어진 교재가 가장 잘 활용되는 것으로 논의되었고, 이러한 교재가 없는 경우 교사 모임을 통해 개발된 교재 또는 자료, 영화, 영상 자료 및 연구회, 동아리에서 제작한 콘텐츠, 전자도서관, 잡지 및 뉴스 등을 참고하고, 최근에는 패들렛, 멘티미터, 카훗, 네이버밴드 및 블로그, 미리캔버스 및 망고보드 등 에듀테크도 활용하는 선도적인 교사가 있는 것으로 나타남

- 최근 도서관에 창작 수업이 연계되어 메이커스페이스 등 활동이 수행되는 경우 교구 또는 리사이클링 도구 등의 창작 연계를 위한 도구가 사용되기도 함

○ (주변 협업 및 동료 교사) 연구회 등 주변 지역의 사서 교사들과의 교류가 활발한 경우 더 많은 정보와 자원을 얻을 수 있으며, 연수 등을 통해 새로운 정보와 교육에 대한 필요성, 최신 흐름 등을 이해할 수 있고 주변 지역 연계 및 공공도서관 활용 등 다양한 형태의 협업과 교류를 통해 교육 프로그램에 영향을 받는 것으로 나타남

4) 디지털 리터러시 교육의 방향에 대한 요구

○ (교육의 목적 및 필요성) 디지털 리터러시 교육이 학교 도서관에서 수행되어야 하는 이유로 미래 사회에 디지털 시민으로서의 성장과 기본적으로 갖추어야 할 윤리 및 소양을 함양할 수 있도록 교과 교육 외에서 다루지 못하는 도서관의 목적에 맞는 디지털 리터러시 교육의 필요성을 논의함

- 과거 도서 또는 종이 형태의 교재에서 나아가 미래 디지털 시민이 갖추어야 하는 다양한 미디어와 기술에 기반하여 문해력을 갖출 수 있도록 지원하기 위해 참여형 및 몰입형의 다양한 활동과 창작을 통해 능동적인 학습이 이루어질 수 있는 교육이 필요함을 강조함
- 미래 사회에 환경 문제 및 디지털 사회에서의 윤리, 정보의 분별성 등 디지털 시민성을 갖추고 사회 문제를 해결하기 위해 도서관에서 주어지는 다양한 정보를 활용한 능동적인 학습과 협업이 이루어질 수 있는 교육을 강조함

○ (교육 도구 및 자원) 도서관의 도서가 주 도구로 논의되었고, 유튜브 영상 및 온라인 콘텐츠(구글 스칼라, DBpia 등 논문 자료 포함), 다양한 미디어 콘텐츠 플랫폼에서 제공하는 자료, 뉴스, 과학잡지 등 의미를 전달하는 콘텐츠가 가장 주요한 도구임

- 또한 최근 저작이나 창작을 위해 다양한 플랫폼을 활용하는 것으로 나타남. 예를 들어 멘티미터, 구글 시트, 카훗, 네이버밴드 및 블로그, 미리캔버스 및 망고보드, 패들렛 등의 에듀테크 플랫폼을 활용하는 것으로 나타남
- 교육청 또는 교육 정책에 따라 매해 다양한 연구 모임 또는 사업(4)에 대한 예산 확보가 가능한 경우, 이를 활용한 연수 또는 다양한 자원 확보가 가능함
- 하지만, 실질적으로 디지털 리터러시에 대한 교육을 수행하기 위한 자료가 많지 않고 교재 또는 교과서가 부재하다는 점에서 관련 수업을 진행하는 데 필요한 교사용 참고 자료 및 교과서 또는 다양한 자원들이 필요한 상황임

○ (주변 협업 및 동료 교사) 국어 교과에서 유사한 목적을 가지고 미디어 리터러시 교육이 교육과정에 포함된 경우가 있어, 도서관에서는 국어 교과과정에서 성취 목표로 제시하고 있는 부분과는 차별화된 접근이 필요함. 일부 국어 교사와 협업을 통해 도서관에서 수행할 수 있는 미디어 리터러시 교육을 함께 수행하기도 함

- 가장 활발하게 도움을 받는 것은 사서 교사 모임에서 연구회 또는 다양한 채널을 통해 자료와

정보를 공유받는 것임
- 수업 시수가 고정적으로 확보되지 않은 사서 교사의 경우 각 학급의 담임교사와의 협업을 통해 수업이 이루어지는 경우가 있으며, 지역 공공도서관과 연계하여 수업이 이루어지는 경우도 있음
- 학생들의 참여를 이끌기 위해 다양한 이벤트를 구성하고 이를 학부모와 연계한 프로그램으로 운영하기도 함

5) 시사점

○ **(유연한 교육을 지원할 수 있는 프레임워크 필요)** 학교 도서관에서 학교급 및 학교 상황에 따라 사서 교사의 수업 시수 확보가 매우 차별적이라는 점에서 디지털 리터러시 교육 프레임워크는 다양한 수업 시수에 유연하게 대처할 수 있도록 모듈식의 유연성을 확보할 필요가 있음

○ **(학생 수준별 맞춤형 교육과정 및 수업 설계의 필요)** 초·중·고 학교급 및 초등학교 학년별 학생들의 수준이 매우 다르고, 활용 가능한 자원 및 환경 등이 매우 다르다는 점에서 학생 수준별 맞춤형 교육과정을 유연하게 수행할 수 있으며 수업을 학생의 수준별로 설계할 수 있는 프레임워크 필요

○ **(교사 수준별 맞춤형 교육과정 및 수업 설계의 필요)** 교사 연수가 의무적으로 수행되기보다는 교사의 자발적이고 능동적인 요구에 따라 연수가 진행된다는 점에서 사서 교사의 디지털 리터러시 및 수업 역량에 매우 많은 차이가 있어 이를 지원할 수 있는 형태의 유연한 프레임워크 개발이 필요함

○ **(도서관 맥락에서 특화된 교육 또는 디지털 시민성을 지원할 수 있는 프레임워크 필요)** 국어 교사 또는 다른 교과의 디지털 리터러시와 차별화된 교육 또는 디지털 시민성을 위한 도서관 맥락에서의 디지털 리터러시를 지원하기 위한 교육 프레임워크 개발이 필요함. 이를 위해 디지털 시민으로서 사회의 다양한 문제를 해결하기 위해 다양한 정보 및 콘텐츠를 활용하여 문제해결을 수행하고 이를 창작하거나 표현할 수 있는 디지털 리터러시를 갖추도록 할 필요가 있음

○ **(교육 목적의 다양성을 지원할 수 있는 프레임워크)** 국가 교육과정에 명확한 성취 목표 및 내용 요소가 정해진 교과가 아니기 때문에 교사 및 학생의 수준, 또는 학생의 관심사, 교사의 관심사 등을 포괄적으로 지원하여 다양한 형태의 수업을 지원할 수 있는 포괄성을 가지면서도, 디지털 시민성, 환경 교육, 미디어 윤리, 문해력 등 도서관의 역할에서 창의적인 접근이 가능

한 형태의 프레임워크 개발 필요
- **(참여형의 몰입을 지원할 수 있는 활동 구성이 가능한 프레임워크)** 전통적인 리터러시 교육에서 나아가 학생들이 단순히 텍스트 또는 미디어를 수동적으로 받아들이고 분석·비평하는 수준을 넘어 실제 참여하고 활동함으로써 몰입하고 능동적인 창작자로서의 역할을 수행할 수 있는 교육을 위한 프레임워크 개발

나. 설문 분석 결과

1) 디지털 미디어 리터러시 교육을 위한 교육 요구도 차이 분석

- 디지털 리터러시 교육의 영역 및 요소 분석 결과, 전체 영역의 중요도 평균은 4.137(SD=0.880), 실행도 평균은 3.914(SD=0.897)로 나타남
- 하위 요소 중 가장 중요도 평균이 높은 항목은 'A2. 미디어·정보를 분석적이면서 비판적으로 이용하기'(4.220)였으며, 반면 중요도 평균이 가장 낮은 항목은 'C1. 문제해결을 위해 창의적인 아이디어를 큐레이션 하여 디지털 콘텐츠로 생산하기'(4.051)로 나타남. 모든 영역의 중요도 평균이 4.0으로 제시한 프레임워크의 영역과 하위 요소가 사서 교사에게 중요하다고 인식됨을 확인할 수 있었음
- 하위 요소 중 가장 실행도의 평균이 높은 항목은 'B1. 디지털 의사소통을 통한 정보 공유하고 소통하기(확산적 아이디어 공유 과정)'(4.009)로 나타났으며, 반면 실행도 평균이 가장 낮은 항목은 'A2. 미디어·정보를 분석적이면서 비판적으로 이용하기'(3.834)로 나타남
- 특히 중요도-실행도 측면에서 'A2. 미디어·정보를 분석적이면서 비판적으로 이용하기' 요소가 가장 큰 차이를 보여 교육의 중요성이 크다고 해석할 수 있음

<표 III-6> 심층 인터뷰 질문지의 구성

영역	하위 항목	중요도 평균	중요도 표준 편차	실행도 평균	실행도 표준 편차	GAP	t-value	Borich 요구도	Rank
A1	A1-1.	4.172	0.870	4.019	0.848	0.1534	3.4528***	0.6401	26
	A1-2.	4.278	0.754	3.893	0.913	0.3849	9.7444***	1.6466	4
	A1-3.	4.156	0.892	4.026	0.869	0.1296	2.9989**	0.5388	31
	A1-4.	4.278	0.759	3.967	0.895	0.3108	9.1399***	1.3297	14
	A1-5.	4.090	0.933	3.737	0.999	0.3532	11.1449***	1.4445	12
	A1-6.	3.933	0.994	3.800	1.019	0.1323	2.9295**	0.5202	33
	A1-7.	4.292	0.755	3.992	0.871	0.3003	9.7494***	1.2888	17
	A1 평균	4.171		3.919					
A2	A2-1.	4.172	0.869	3.952	0.890	0.2196	4.6854***	0.9161	22
	A2-2.	4.184	0.927	3.868	0.947	0.3161	9.4012***	1.3227	16
	A2-3.	4.171	0.880	3.759	0.983	0.4114	11.9266***	1.7157	2
	A2-4.	4.336	0.759	4.009	0.886	0.3267	9.7396***	1.4166	13
	A2-5.	4.333	0.753	3.667	1.028	0.6667	15.4993***	2.8889	1
	A2-6.	4.106	0.913	3.702	0.981	0.4034	12.1827***	1.6564	3
	A2-7.	4.138	0.903	3.751	0.979	0.3862	11.1476***	1.5981	6
	A2-8.	4.324	0.718	3.966	0.914	0.3585	10.5428***	1.5500	8
	A2 평균	4.220		3.834					
A3	A3-1.	4.167	0.879	3.989	0.929	0.1772	3.8717***	0.7385	24
	A3-2.	3.974	0.982	3.640	1.060	0.3333	9.5048***	1.3245	15
	A3-3.	4.229	0.772	3.881	0.960	0.3479	10.4920***	1.4711	11
	A3 평균	4.123		3.837					
B1	B1-1.	4.079	0.939	3.983	0.911	0.0966	2.1917*	0.3939	36
	B1-2.	4.042	0.940	3.971	0.895	0.0714	1.6700	0.2887	43
	B1-3.	4.056	0.928	3.972	0.874	0.0833	1.9735*	0.3380	40
	B1-4.	4.090	0.932	3.974	0.848	0.1164	2.6713**	0.4761	34
	B1-5.	4.200	0.902	4.116	0.828	0.0833	1.9677*	0.3500	38
	B1-6.	4.124	0.895	4.041	0.849	0.0833	1.9852*	0.3437	39
	B1 평균	4.099		4.009					

B2	B2-1.	4.140	0.895	4.007	0.880	0.1336	2.9540**	0.5531	30
	B2-2.	4.058	0.929	4.037	0.851	0.0212	0.4907	0.0859	44
	B2-3.	4.030	0.953	3.942	0.916	0.0886	2.0326*	0.3572	37
	B2-4.	4.095	0.920	4.013	0.849	0.0820	1.9113	0.3359	41
	B2-5.	4.030	0.928	3.897	0.905	0.1336	3.0032**	0.5385	32
	B2 평균	4.071		3.979					
C1	C1-1.	4.132	0.898	3.926	0.909	0.2063	4.4821***	0.8527	23
	C1-2.	3.988	0.944	3.970	0.898	0.0185	0.4274	0.0739	45
	C1-3.	4.073	0.937	3.971	0.904	0.1019	2.3644*	0.4148	35
	C1-4.	3.972	0.959	3.824	0.974	0.1481	3.2536**	0.5885	28
	C1-5.	4.087	0.914	3.726	1.061	0.3611	10.3085***	1.4760	10
	C1 평균	4.051		3.883					
C2	C2-1.	4.216	0.891	3.984	0.913	0.2315	5.0814***	0.9758	21
	C2-2.	4.267	0.786	3.976	0.822	0.2910	9.1927***	1.2418	18
	C2-3.	4.149	0.779	3.780	0.963	0.3690	11.8240***	1.5314	9
	C2-4.	4.185	0.835	3.795	0.988	0.3902	11.7838***	1.6331	5
	C2-5.	4.197	0.765	3.917	0.928	0.2804	8.0389***	1.1770	19
	C2-6.	4.063	0.837	3.676	1.143	0.3876	11.0399***	1.5749	7
	C2 평균	4.180		3.855					
C3	C3-1.	4.102	0.944	3.963	0.897	0.1389	3.1072**	0.5697	29
	C3-2.	4.003	0.953	4.022	0.857	-0.0198	-0.4692	-0.0794	46
	C3-3.	4.015	0.944	3.939	0.892	0.0754	1.7457	0.3027	42
	C3-4.	4.189	0.912	4.038	0.888	0.1508	3.4685***	0.6317	27
	C3-5.	4.286	0.700	4.013	0.758	0.2725	9.0289***	1.1678	20
	C3-6.	4.090	0.908	3.933	0.826	0.1574	4.9453***	0.6438	25
	C3 평균	4.114		3.985					
전체 평균		4.137		3.914					

2) 디지털 미디어 리터러시 영역별 요구도 분석

(가) 디지털 미디어·정보를 탐색·활용·관리하기 영역

○ '디지털 미디어·정보를 탐색·활용·관리하기' 영역 중 'A1. 주제(문제)에 대한 미디어·정보

검색 및 데이터 수집하기' 하위 요소에 대해 도서관 디지털 리터러시 교육을 수행할 때 각 성취 목표 수준에 대한 중요도와 실제 교육 현장에서 적용 가능한 정도에 대한 응답을 분석한 결과는 아래와 같음

- 'A1. 주제(문제)에 대한 미디어·정보 검색 및 데이터 수집하기' 하위 요소의 7개 성취 수행 예시에 대한 중요도 및 요구도를 분석한 결과, 모든 성취 수행 예시가 중요도와 실행도 간에 유의한 차이가 있음을 나타냈음
- Borich 요구도 우선순위가 가장 높은 성취 수행 예시는 'A1-2. 학교 도서관 서비스 또는 시스템(독서로 등)을 활용하여 도서관 데이터베이스와 분류체계를 이해하고, 특정 주제와 관련된 적합한 자료를 효과적으로 찾을 수 있다.'라고 나타났고, 'A1-6. 특정한 주제를 찾기 위해 가장 적절한 검색 엔진 및 연산자(AND, OR, NOT 등)를 선택할 수 있다.'가 요구도가 낮은 것으로 나타났음

〈표 Ⅲ-7〉 A1 하위 요소의 성취 수행 예시별 중요도 및 요구도

구분	성취 수행 예시	중요도		실행도		Gap	t	Borich 요구도	
		M	SD	M	SD			값	우선순위
A 1-1	문제해결을 위해 주제와 관련된 관심 키워드를 추출하고 질문을 구체화하여, 나만의 과제를 도출할 수 있다.	4.172	0.870	4.019	0.848	0.1534	3.4528 ***	0.6401	5
A 1-2	학교 도서관 서비스 또는 시스템(독서로 등)을 활용하여 도서관 데이터베이스와 분류체계를 이해하고, 특정 주제와 관련된 적합한 자료를 효과적으로 찾을 수 있다.	4.278	0.754	3.893	0.913	0.3849	9.7444 ***	1.6466	1
A 1-3	문제해결을 위해 어떤 종류의 미디어 또는 정보를 활용할 것인지를 논의할 수 있다.	4.156	0.892	4.026	0.869	0.1296	2.9989 ***	0.5388	6

A 1-4	주제와 관련된 미디어 또는 정보를 검색하기 위해 검색 조건 및 검색어 등을 설정하고, 그에 맞춰 검색 방법을 조정할 수 있다.	4.278	0.759	3.967	0.895	0.3108	9.1399 ***	1.3297	2
A 1-5	인터넷 응용 소프트웨어, AI 챗봇, 디지털 콘텐츠 등을 활용하여 문제해결을 위한 자료를 수집할 수 있다.	4.090	0.933	3.737	0.999	0.3532	11.1449 ***	1.4445	4
A 1-6	특정한 주제를 찾기 위해 가장 적절한 검색 엔진 및 연산자(AND, OR, NOT 등)를 선택할 수 있다.	3.933	0.994	3.800	1.019	0.1323	2.9295 ***	0.5202	7
A 1-7	주제와 관련된 미디어, 정보, 문화 콘텐츠의 특성을 이해하고 이를 활용할 수 있다.	4.292	0.755	3.992	0.871	0.3003	9.7494 ***	1.2888	3
평균		4.220		3.834					

○ 'A1. 주제(문제)에 대한 미디어·정보 검색 및 데이터 수집하기' 하위 요소의 성취 수행 예시에 대한 요구수준과 불일치 수준을 The Locus for Focus model로 시각화한 결과, 총 3개의 성취 수행 예시가 우선적으로 요구가 높은 것으로 도출됨

- 1사분면(HH)에 위치한 성취 수행 예시 중 불일치 수준이 가장 높은 항목은 'A1-2. 학교 도서관 서비스 또는 시스템(독서로 등)을 활용하여 도서관 데이터베이스와 분류체계를 이해하고, 특정 주제와 관련된 적합한 자료를 효과적으로 찾을 수 있다.'로 나타났으며, 이 외에도 요구수준이 높은 성취 수행 예시는 'A1-4. 주제와 관련된 미디어 또는 정보를 검색하기 위해 검색 조건 및 검색어 등을 설정하고, 그에 맞춰 검색 방법을 조정할 수 있다.', 'A1-7. 주제와 관련된 미디어, 정보, 문화 콘텐츠의 특성을 이해하고 이를 활용할 수 있다.'로 나타남

[그림 Ⅲ-1] A1 하위 요소의 성취 수행 예시별 LfFM

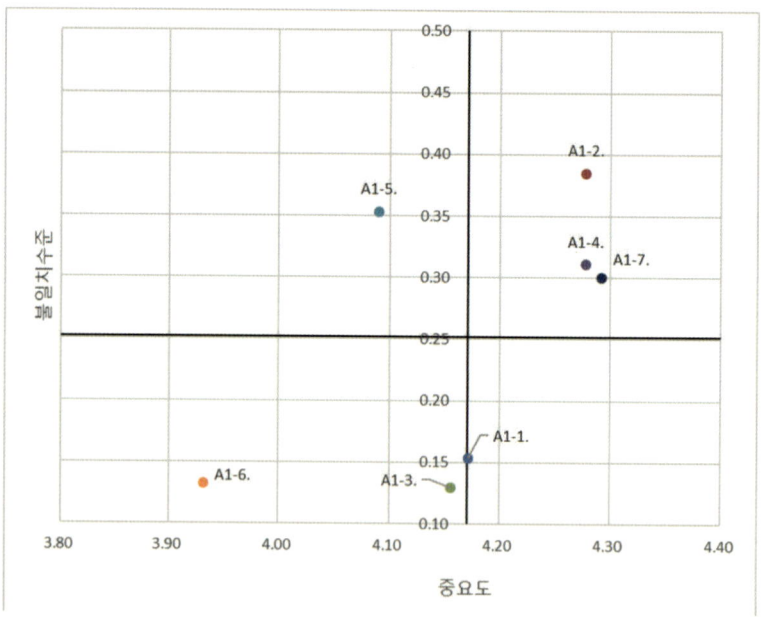

○ '디지털 미디어·정보를 탐색·활용·관리하기' 영역 중 'A2. 미디어·정보를 분석적이면서 비판적으로 이용하기' 하위 요소에 대해 각 성취 목표 수준에 대한 중요도와 실제 교육 현장에서 적용 가능한 정도에 대한 응답을 분석한 결과는 아래와 같음

〈표 Ⅲ-8〉 A2 하위 요소의 성취 수행 예시별 중요도 및 요구도

구분	성취 수행 예시	중요도		실행도		Gap	t	Borich 요구도	
		M	SD	M	SD			값	우선순위
A 2-1	내가 찾은 정보가 신뢰할 수 있는 정보 원천을 가졌는지를 평가할 수 있다.	4.172	0.869	3.952	0.890	0.2196	4.6854	0.9161	8
A 2-2	내가 찾은 정보가 사실인지 의견인지를 구분하여 제시할 수 있다.	4.184	0.927	3.868	0.947	0.3161	9.4012	1.3227	7
A 2-3	디지털 정보를 효과적으로 활용하여 비판적으로 평가하고 정보에 기반한 결정을 내릴 수 있다.	4.171	0.880	3.759	0.983	0.4114	11.9266	1.7157	3

A 2-4	검색한 정보가 문제해결에 유용한 내용을 담고 있는지를 평가할 수 있다.	4.336	0.759	4.009	0.886	0.3267	9.7396	1.4166	4
A 2-5	검색한 정보에 오류나 숨겨진 의도가 있는지를 파악할 수 있으며 어떤 목적으로 미디어 또는 정보가 만들어졌는지를 생각할 수 있다.	4.333	0.753	3.667	1.028	0.6667	15.4993	2.8889	1
A 2-6	추출된 정보에 대해 평가 기준을 세워 중요도와 우선순위를 평가할 수 있다.	4.106	0.913	3.702	0.981	0.4034	12.1827	1.6564	5
A 2-7	수집한 정보를 바탕으로 문제해결에 관련성, 주제, 키워드 등을 파악하고, 가치와 의미를 비판적으로 생각할 수 있다.	4.138	0.903	3.751	0.979	0.3862	11.1476	1.5981	6
A 2-8	수집한 정보를 분석하고 체계적으로 정리하여 문제해결 과제 및 연구 결과(보고서, 요약자료 등)의 데이터로 활용할 수 있다.	4.324	0.718	3.966	0.914	0.3585	10.5428	1.5500	2
평균		4.123		3.837					

- 'A2. 미디어·정보를 분석적이면서 비판적으로 이용하기' 하위 요소의 8개 성취 수행 예시에 대한 중요도 및 요구도를 분석한 결과, 모든 성취 수행 예시가 중요도와 실행도 간에 유의한 차이가 있음을 나타냈음
- Borich 요구도 우선순위가 가장 높은 성취 수행 예시는 'A2-5. 검색한 정보에 오류나 숨겨진 의도가 있는지를 파악할 수 있으며 어떤 목적으로 미디어 또는 정보가 만들어졌는지를 생각할 수 있다.'로 나타났고, 'A2-1. 내가 찾은 정보가 신뢰할 수 있는 정보 원천을 가졌는지를 평가할 수 있다.'가 가장 요구도가 낮은 것으로 나타났음
○ 'A2. 미디어·정보를 분석적이면서 비판적으로 이용하기' 하위 요소의 성취 수행 예시에 대한 요구수준과 불일치 수준을 The Locus for Focus model로 시각화한 결과, 1개의 성취 수행 예시가 우선적으로 요구가 높은 것으로 도출됨
- 1사분면(HH)에 위치한 성취 수행 예시는 'A2-5. 검색한 정보에 오류나 숨겨진 의도가 있는지를

파악할 수 있으며 어떤 목적으로 미디어 또는 정보가 만들어졌는지를 생각할 수 있다.'로 나타남

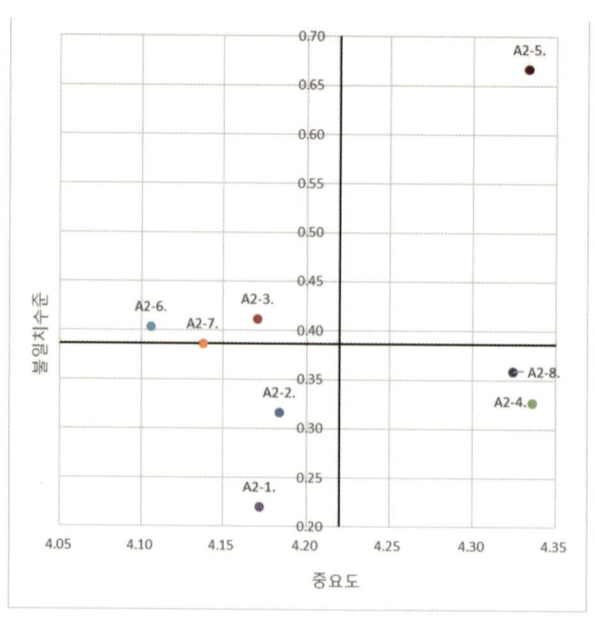

[그림 III-2] A2 하위 요소의 성취 수행 예시별 LfFM

○ '디지털 미디어·정보를 탐색·활용·관리하기' 영역 중 'A3. 정보·데이터를 목록화하고 관리하기' 하위 요소에 대해 각 성취 목표 수준에 대한 중요도와 실제 교육 현장에서 적용 가능한 정도에 대한 응답을 분석한 결과는 아래와 같음
- 'A3. 정보·데이터를 목록화하고 관리하기' 하위 요소의 3개 성취 수행 예시에 대한 중요도 및 요구도를 분석한 결과, 모든 성취 수행 예시가 중요도와 실행도 간에 유의한 차이가 있음을 나타냈음

<표 III-9> A3 하위 요소의 성취 수행 예시별 중요도 및 요구도

구분	성취 수행 예시	중요도		실행도		Gap	t	Borich 요구도	
		M	SD	M	SD			값	우선순위
A3-1	자신이 찾은 정보 및 내용을 요약하여 문제해결에 활용할 수 있도록 정리하고 목록화할 수 있다.	4.167	0.879	3.989	0.929	0.1772	3.8717	0.7385	3
A3-2	자신이 찾은 정보를 관리하는 데 체계적인 도구를 선택하여 디렉터리에 파일 구조를 생성하고 목록별로 저장하여 관리할 수 있다.	3.974	0.982	3.640	1.060	0.3333	9.5048	1.3245	2
A3-3	자신이 찾은 정보를 문제해결에 활용하기 위해, 자신만의 형태의 정보 파일(표, 이미지(캡처), 다이어그램, 요약문 등)로 변환하거나 구조화하여 표현할 수 있다.	4.229	0.772	3.881	0.960	0.3479	10.4920	1.4711	1

- Borich 요구도 우선순위가 가장 높은 성취 수행 예시는 'A3-3. 자신이 찾은 정보를 문제해결에 활용하기 위해, 자신만의 형태의 정보 파일(표, 이미지(캡처), 다이어그램, 요약문 등)로 변환하거나 구조화하여 표현할 수 있다.'로 나타났고, 'A3-1. 자신이 찾은 정보 및 내용을 요약하여 문제해결에 활용할 수 있도록 정리하고 목록화할 수 있다.'가 가장 요구도가 낮은 것으로 나타남
○ 'A3. 정보·데이터를 목록화하고 관리하기' 하위 요소의 성취 수행 예시에 대한 요구수준과 불일치 수준을 The Locus for Focus model로 시각화한 결과, 1개의 성취 수행 예시가 우선적으로 요구가 높은 것으로 도출됨
- 1사분면(HH)에 위치한 성취 수행 예시는 'A3-3. 자신이 찾은 정보를 문제해결에 활용하기 위해, 자신만의 형태의 정보 파일(표, 이미지(캡처), 다이어그램, 요약문 등)로 변환하거나 구조화하여 표현할 수 있다.'로 나타남

[그림 Ⅲ-3] A3 하위 요소의 성취 수행 예시별 LfFM

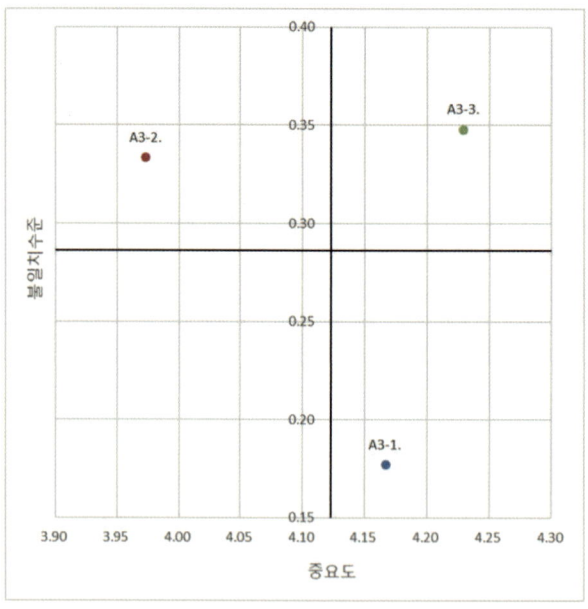

(나) 디지털 의사소통 및 협업을 통해 아이디어 도출하기 영역

○ '디지털 의사소통 및 협업을 통해 아이디어 도출하기' 영역 중 'B1. 디지털 의사소통을 통한 정보 공유하고 소통하기(확산적 아이디어 공유 과정)' 하위 요소에 대해 도서관 디지털 리터러시 교육을 수행할 때 각 성취 목표 수준에 대한 중요도와 실제 교육 현장에서 적용 가능한 정도에 대한 응답을 분석한 결과는 아래와 같음

〈표 Ⅲ-10〉 B1 하위 요소의 성취 수행 예시별 중요도 및 요구도

구분	성취 수행 예시	중요도		실행도		Gap	t	Borich 요구도	
		M	SD	M	SD			값	우선순위
B 1-1	자신이 찾는 정보·데이터를 다른 사람과 공유할 수 있도록 주어진 템플릿이나 틀에 맞게 요약·변환할 수 있다.	4.079	0.939	3.983	0.911	0.0966	2.1917	0.3939	2

B 1-2	정보·데이터를 다른 사람과 공유하기 위해, 목적 및 형태에 적합한 도구를 선택할 수 있다.	4.042	0.940	3.971	0.895	0.0714	1.6700	0.2887	6
B 1-3	효과적인 의사소통 방법이나 소통·공유 도구를 활용하여, 협업 작업을 설정할 수 있다.	4.056	0.928	3.972	0.874	0.0833	1.9735	0.3380	5
B 1-4	디지털 상호작용 과정에서 자신의 감정이나 의견을 적절하게 표현할 수 있다.	4.090	0.932	3.974	0.848	0.1164	2.6713	0.4761	1
B 1-5	온라인에서 의사소통과 협업을 할 때 지켜야 할 예절에 대해 설명할 수 있다.(예: 미디어 공유 신중하게 하기, 저작권법 잘 지키기, 개인정보 보호를 위해 노력하기)	4.200	0.902	4.116	0.828	0.0833	1.9677	0.3500	3
B 1-6	자신이 찾은 정보 및 미디어 콘텐츠의 내용을 정확하게 이해하고, 효과적인 미디어를 통해 자신의 생각과 느낌을 표현할 수 있다.	4.124	0.895	4.041	0.849	0.0833	1.9852	0.3437	4

- 'B1. 디지털 의사소통을 통한 정보 공유하고 소통하기(확산적 아이디어 공유 과정)' 하위 요소의 6개 성취 수행 예시에 대한 중요도 및 요구도를 분석한 결과, 5개의 성취 수행 예시가 중요도와 실행도 간에 유의한 차이가 있음을 나타냈음. 유의한 차이가 없는 예시는 'B1-2. 정보·데이터를 다른 사람과 공유하기 위해, 목적 및 형태에 적합한 도구를 선택할 수 있다.'로 나타남

- Borich 요구도 우선순위가 가장 높은 성취 수행 예시는 'B1-4. 디지털 상호작용 과정에서 자신의 감정이나 의견을 적절하게 표현할 수 있다.'로 나타났고, 'B1-2. 정보·데이터를 다른 사람과 공유하기 위해, 목적 및 형태에 적합한 도구를 선택할 수 있다.'가 가장 요구도가 낮은 것으로 나타났음

○ 'B1. 디지털 의사소통을 통한 정보 공유하고 소통하기(확산적 아이디어 공유 과정)' 하위 요소의 성취 수행 예시에 대한 요구수준과 불일치 수준을 The Locus for Focus model로 시각화한 결과, 요구가 높은 성취 수행 예시는 없는 것으로 도출됨

[그림 III-4] B1 하위 요소의 성취 수행 예시별 LfFM

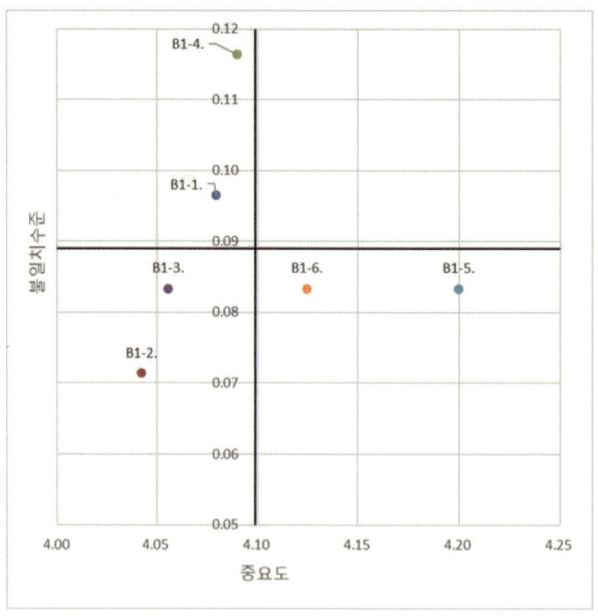

○ '디지털 의사소통 및 협업을 통해 아이디어 도출하기' 영역 중 'B2. 디지털 협력하여 통합하고 아이디어 도출하여 제시하기(수렴적 아이디어 도출 과정)' 하위 요소에 대해 도서관 디지털 리터러시 교육을 수행할 때 각 성취 목표 수준에 대한 중요도와 실제 교육 현장에서 적용 가능한 정도에 대한 응답을 분석한 결과는 아래와 같음

〈표 III-11〉 B2 하위 요소의 성취 수행 예시별 중요도 및 요구도

구분	성취 수행 예시	중요도		실행도		Gap	t	Borich 요구도	
		M	SD	M	SD			값	우선순위
B 2-1	다양하게 수집된 정보와 의견을 바탕으로 사회적 의사결정에 적극적으로 참여할 수 있다.	4.140	0.895	4.007	0.880	0.1336	2.9540	0.5531	1
B 2-2	다른 사람과 협업하고 상호작용을 하기 위한 적절한 디지털 기술(예: 마인드맵, 포스트잇 보드 등)을 활용할 수 있다.	4.058	0.929	4.037	0.851	0.0212	0.4907	0.0859	5

B 2-3	분석한 정보를 소셜 미디어 또는 협업 플랫폼 등에 아이디어를 표현할 수 있다.	4.030	0.953	3.942	0.916	0.0886	2.0326	0.3572	3
B 2-4	정보·미디어를 활용하여 문제해결에 의미 있는 결과를 도출하기 위해 소통할 수 있다.	4.095	0.920	4.013	0.849	0.0820	1.9113	0.3359	4
B 2-5	정보·미디어를 활용하여 최적의 아이디어를 도출하고 수렴적인 아이디어를 제안할 수 있다.	4.030	0.928	3.897	0.905	0.1336	3.0032	0.5385	2

- 'B2. 디지털 협력하여 통합하고 아이디어 도출하여 제시하기(수렴적 아이디어 도출 과정)' 하위 요소의 5개 성취 수행 예시에 대한 중요도 및 요구도를 분석한 결과, 3개의 성취 수행 예시가 중요도와 실행도 간에 유의한 차이가 있음을 나타냈음. 유의한 차이가 없는 예시는 'B2-2. 다른 사람과 협업하고 상호작용을 하기 위한 적절한 디지털 기술(예: 마인드맵, 포스트잇 보드 등)을 활용할 수 있다.'와 'B2-4. 정보·미디어를 활용하여 문제해결에 의미 있는 결과를 도출하기 위해 소통할 수 있다.'로 나타남

- Borich 요구도 우선순위가 가장 높은 성취 수행 예시는 'B2-1. 다양하게 수집된 정보와 의견을 바탕으로 사회적 의사결정에 적극적으로 참여할 수 있다.'로 나타났고, 'B2-2. 다른 사람과 협업하고 상호작용을 하기 위한 적절한 디지털 기술(예: 마인드맵, 포스트잇 보드 등)을 활용할 수 있다.'가 가장 요구도가 낮은 것으로 나타났음

○ 'B2. 디지털 협력하여 통합하고 아이디어 도출하여 제시하기(수렴적 아이디어 도출 과정)' 하위 요소의 성취 수행 예시에 대한 요구수준과 불일치 수준을 The Locus for Focus model로 시각화한 결과, 1개의 성취 수행 예시가 우선적으로 요구가 높은 것으로 도출됨

- 1사분면(HH)에 위치한 성취 수행 예시는 'B2-1. 다양하게 수집된 정보와 의견을 바탕으로 사회적 의사결정에 적극적으로 참여할 수 있다.'로 나타남

[그림 III-5] B2 하위 요소의 성취 수행 예시별 LfFM

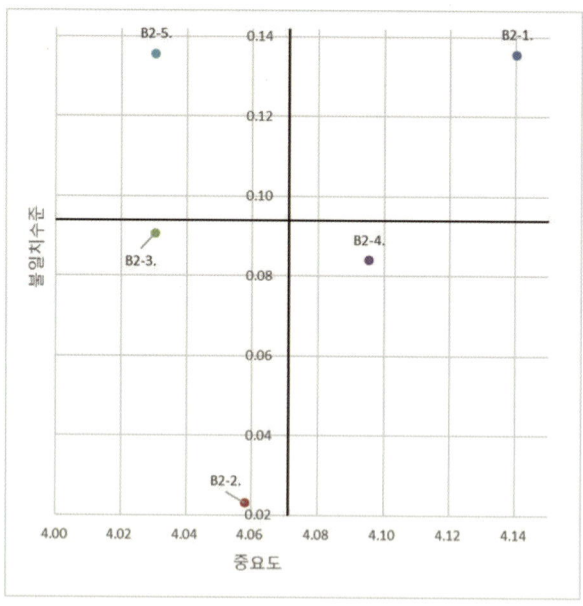

(다) 디지털 콘텐츠를 생산·개선·실천하기

○ '디지털 콘텐츠를 생산·개선·실천하기' 영역 중 'C1. 문제해결을 위해 창의적인 아이디어를 큐레이션 하여 디지털 콘텐츠로 생산하기' 하위 요소에 대해 도서관 디지털 리터러시 교육을 수행할 때 각 성취 목표 수준에 대한 중요도와 실제 교육 현장에서 적용 가능한 정도에 대한 응답을 분석한 결과는 아래와 같음

- 'C1. 문제해결을 위해 창의적인 아이디어를 큐레이션 하여 디지털 콘텐츠로 생산하기' 하위 요소의 5개 성취 수행 예시에 대한 중요도 및 요구도를 분석한 결과, 4개의 성취 수행 예시가 중요도와 실행도 간에 유의한 차이가 있음을 나타냈음. 유의한 차이가 없는 예시는 'C1-2. 디지털 콘텐츠를 생성하기에 가장 적합한 방식의 디지털 도구를 선정할 수 있다.'로 나타남

- Borich 요구도 우선순위가 가장 높은 성취 수행 예시는 'C1-5. 아이디어를 구체화하기 위해 간단한 형태의 시제품(모형, 만들기 작품 등)이나 프로토타입(교구 활용 작품)으로 제작할 수 있다.'로 나타났고, 'C1-2. 디지털 콘텐츠를 생성하기에 가장 적합한 방식의 디지털 도구를 선정할 수 있다.'가 가장 요구도가 낮은 것으로 나타났음

<표 Ⅲ-12> C1 하위 요소의 성취 수행 예시별 중요도 및 요구도

구분	성취 수행 예시	중요도		실행도		Gap	t	Borich 요구도	
		M	SD	M	SD			값	우선순위
C 1-1	수집된 정보와 협업의 과정을 통해 도출한 정보를 수렴된 하나의 형태의 문제해결 결과로 창출할 수 있다.	4.132	0.898	3.926	0.909	0.2063	4.4821	0.8527	2
C 1-2	디지털 콘텐츠를 생성하기에 가장 적합한 방식의 디지털 도구를 선정할 수 있다.	3.988	0.944	3.970	0.898	0.0185	0.4274	0.0739	5
C 1-3	아이디어를 큐레이션 하여 프레젠테이션, 이미지, 도표, 글, 보고서, 뉴스레터, 유튜브, 블로그 등으로 문제해결 아이디어를 효과적으로 표현할 수 있다.	4.073	0.937	3.971	0.904	0.1019	2.3644	0.4148	4
C 1-4	문제해결 솔루션을 통합적인 형태의 창의적인 콘텐츠(예를 들어, 애니메이션, 앱, 영상 등)로 재생산하여 종합할 수 있다.	3.972	0.959	3.824	0.974	0.1481	3.2536	0.5885	3
C 1-5	아이디어를 구체화하기 위해 간단한 형태의 시제품(모형, 만들기 작품 등)이나 프로토타입(교구 활용 작품)으로 제작할 수 있다.	4.087	0.914	3.726	1.061	0.3611	10.3085	1.4760	1

○ 'C1. 문제해결을 위해 창의적인 아이디어를 큐레이션 하여 디지털 콘텐츠로 생산하기' 하위 요소의 성취 수행 예시에 대한 요구수준과 불일치 수준을 The Locus for Focus model로 시각화한 결과, 2개의 성취 수행 예시가 우선적으로 요구가 높은 것으로 도출됨

- 1사분면(HH)에 위치한 성취 수행 예시 중 불일치 수준이 가장 높은 항목은 'C1-5. 아이디어를 구체화하기 위해 간단한 형태의 시제품(모형, 만들기 작품 등)이나 프로토타입(교구 활용 작품)으로 제작할 수 있다.'로 나타남. 이 외에도 요구수준이 높은 성취 수행 예시는 'C1-1. 수집된 정보와 협업의 과정을 통해 도출한 정보를 수렴된 하나의 형태인 문제해결 결과로 창출할 수 있다.'로 나타남

[그림 III-6] C1 하위 요소의 성취 수행 예시별 LfFM

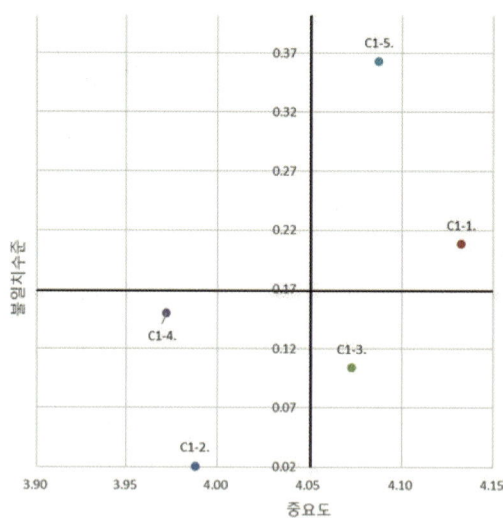

○ '디지털 콘텐츠를 생산·개선·실천하기' 영역 중 'C2. 생산한 디지털 콘텐츠를 평가하고 개선하기' 하위 요소에 대해 도서관 디지털 리터러시 교육을 수행할 때 각 성취 목표 수준에 대한 중요도와 실제 교육 현장에서 적용 가능한 정도에 대한 응답을 분석한 결과는 아래와 같음

〈표 III-13〉 C2 하위 요소의 성취 수행 예시별 중요도 및 요구도

구분	성취 수행 예시	중요도		실행도		Gap	t	Borich 요구도	
		M	SD	M	SD			값	우선순위
C 2-1	아이디어에 대한 사회적 책임이나 윤리적 이슈를 고려하고 이를 성찰할 수 있다.	4.216	0.891	3.984	0.913	0.2315	5.0814	0.9758	6
C 2-2	도출된 아이디어 해결안에 대해 자신의 생각과 느낌을 공유하고 이를 평가하여 개선할 수 있다.	4.267	0.786	3.976	0.822	0.2910	9.1927	1.2418	4
C 2-3	동료 학습자의 의견을 바탕으로 성찰하며, 그것이 미칠 수 있는 영향을 생각할 수 있다.	4.149	0.779	3.780	0.963	0.3690	11.8240	1.5314	1

C 2-4	도출된 아이디어가 사회에 미칠 영향을 논의하고 평가할 수 있다.	4.185	0.835	3.795	0.988	0.3902	11.7838	1.6331	2
C 2-5	아이디어의 효과성, 효율성, 감성, 안정성, 공평성, 보편성 등 다양한 관점에서 평가하고 이를 개선할 수 있다.	4.197	0.765	3.917	0.928	0.2804	8.0389	1.1770	5
C 2-6	아이디어를 개선하기 위해 실질적인 사용자에게 인터뷰나 설문조사를 수행하여 이를 평가하고 개선 방안을 도출할 수 있다.	4.063	0.837	3.676	1.143	0.3876	11.0399	1.5749	3

- 'C2. 생산한 디지털 콘텐츠를 평가하고 개선하기' 하위 요소의 6개 성취 수행 예시에 대한 중요도 및 요구도를 분석한 결과, 모든 성취 수행 예시가 중요도와 실행도 간에 유의한 차이가 있음을 나타냈음
- Borich 요구도 우선순위가 가장 높은 성취 수행 예시는 'C2-3. 동료 학습자의 의견을 바탕으로 성찰하며, 그것이 미칠 수 있는 영향을 생각할 수 있다.'로 나타났고, 'C2-1. 아이디어에 대한 사회적 책임이나 윤리적 이슈를 고려하고 이를 성찰할 수 있다.'가 가장 요구도가 낮은 것으로 나타났음

○ 'C2. 생산한 디지털 콘텐츠를 평가하고 개선하기' 하위 요소의 성취 수행 예시에 대한 요구수준과 불일치 수준을 The Locus for Focus model로 시각화한 결과, 1개의 성취 수행 예시가 우선적으로 요구가 높은 것으로 도출됨
- 1사분면(HH)에 위치한 성취 수행 예시는 'C2-4. 도출된 아이디어가 사회에 미칠 영향을 논의하고 평가할 수 있다.'로 나타남

[그림 III-7] C2 하위 요소의 성취 수행 예시별 LfFM

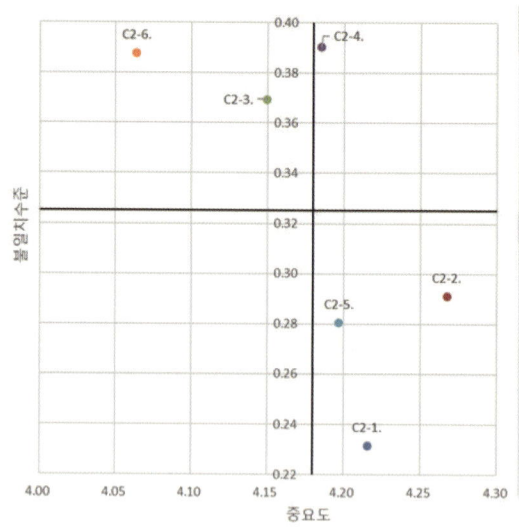

○ '디지털 콘텐츠를 생산·개선·실천하기' 영역 중 'C3. 문제해결 아이디어를 실천할 수 있도록 공유 및 다른 사람과 함께 향유하기' 하위 요소에 대해 도서관 디지털 리터러시 교육을 수행할 때 각 성취 목표 수준에 대한 중요도와 실제 교육 현장에서 적용 가능한 정도에 대한 응답을 분석한 결과는 아래와 같음

- 'C3. 문제해결 아이디어를 실천할 수 있도록 공유 및 다른 사람과 함께 향유하기' 하위 요소의 6개 성취 수행 예시에 대한 중요도 및 요구도를 분석한 결과, 4개의 성취 수행 예시가 중요도와 실행도 간에 유의한 차이가 있음을 나타냈음. 유의한 차이가 없는 예시는 'C3-2. 문제해결 아이디어를 실행하기 위해 우리가 할 수 있는 실천 공약을 생각할 수 있다.'와 'C3-3. 아이디어의 실천을 촉진하기 위해 소셜미디어 또는 다양한 플랫폼을 활용하여 실천적 형태의 산출물로 공유할 수 있다.'로 나타남

<표 Ⅲ-14> C3 하위 요소의 성취 수행 예시별 중요도 및 요구도

구분	성취 수행 예시	중요도		실행도		Gap	t	Borich 요구도	
		M	SD	M	SD			값	우선순위
C 3-1	문제해결 아이디어를 실질적으로 실천할 수 있는 방안을 모색하기 위해 가족 구성원, 직장, 커뮤니티에 지식을 공유할 수 있다.	4.102	0.944	3.963	0.897	0.1389	3.1072	0.5697	4
C 3-2	문제해결 아이디어를 실행하기 위해 우리가 할 수 있는 실천 공약을 생각할 수 있다.	4.003	0.953	4.022	0.857	-0.0198	-0.4692	-0.0794	6
C 3-3	아이디어의 실천을 촉진하기 위해 소셜미디어 또는 다양한 플랫폼을 활용하여 실천적 형태의 산출물로 공유할 수 있다.	4.015	0.944	3.939	0.892	0.0754	1.7457	0.3027	5
C 3-4	산출물을 공유하는 과정에서 저작권 문제, 출처, 개인정보 및 초상권 보호 등을 지켜 안전하게 공유할 수 있다.	4.189	0.912	4.038	0.888	0.1508	3.4685	0.6317	3
C 3-5	사회적 참여의 과정에서 디지털 자기 정체성(온라인 환경에서 자신의 평판)을 관리하고, 디지털 예절을 지킬 수 있다.	4.286	0.700	4.013	0.758	0.2725	9.0289	1.1678	1
C 3-6	자신이 생산한 콘텐츠를 디지털 미디어를 활용하여 다른 사람과 함께 향유할 수 있다.	4.090	0.908	3.933	0.826	0.1574	4.9453	0.6438	2

- Borich 요구도 우선순위가 가장 높은 성취 수행 예시는 'C3-5. 아이디어의 실천을 촉진하기 위해 소셜미디어 또는 다양한 플랫폼을 활용하여 실천적 형태의 산출물로 공유할 수 있다.'로 나타났고, 'C3-2. 문제해결 아이디어를 실행하기 위해 우리가 할 수 있는 실천 공약을 생각할 수 있다.'가 가장 요구도가 낮은 것으로 나타났음
○ 'C3. 문제해결 아이디어를 실천할 수 있도록 공유 및 다른 사람과 함께 향유하기' 하위 요소의 성취 수행 예시에 대한 요구수준과 불일치 수준을 The Locus for Focus model로 시각화한 결

과, 2개의 성취 수행 예시가 우선적으로 요구가 높은 것으로 도출됨
- 1사분면(HH)에 위치한 성취 수행 예시 중 불일치 수준이 가장 높은 항목은 'C3-5. 사회적 참여의 과정에서 디지털 자기 정체성(온라인 환경에서 자신의 평판)을 관리하고, 디지털 예절을 지킬 수 있다.'로 나타났으며, 이 외에도 요구수준이 높은 성취 수행 예시는 'C3-4. 산출물을 공유하는 과정에서 저작권 문제, 출처, 개인정보 및 초상권 보호 등을 지켜 안전하게 공유할 수 있다.'로 나타남

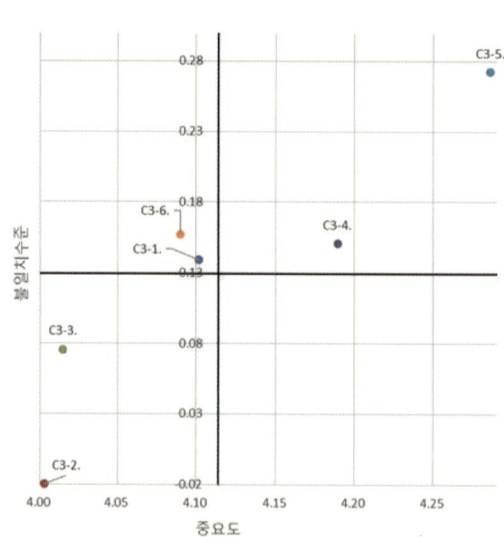

[그림 III-8] C3 하위 요소의 성취 수행 예시별 LfFM

3) 디지털 미디어 리터러시 교육을 위한 교육 요구도 시사점

○ 디지털 미디어 리터러시 교육의 3개 영역 및 하위 요소에 따른 성취 수준 예시에 대한 중요도가 모두 3.9점 이상이었으며 A1-6(3.933), A3-2(3.974), C1-2(3.988), C1-4(3.972) 4개 항목을 제외하고 모두 4.0 이상의 중요도를 가지는 것으로 나타나 학교 도서관 맥락에서 디지털 미디어 리터러시 교육에서 중요하게 다루어야 하는 수업 요소라는 것을 확인할 수 있음
- 실행도의 경우에도 심층 면담에서는 일부 교사가 교육 경험이 많지 않고, 교육을 수행할 수 있는 수업 시수 및 환경이 부족한 상황을 고려했을 때, 실제 설문에서는 실행도가 대체적으로 높은 것으로 나타남, A3-2(3.640)를 제외하고는 모두 3.7 이상이었으며 평균 3.8 이상으로 충분히

교육을 실행할 수 있는 역량을 갖추고 있음을 보여 줌
- ○ 하지만, 본 연구의 교육 요구 조사를 통해 중요도와 실행도의 차이가 유의미하게 나타났기 때문에, 향후 연수 프로그램이나 실행도를 높이기 위한 교육 자료 개발, 교재 개발 등 다각적으로 교육 실행도를 높여 줄 수 있는 연구와 사업이 필요함을 알 수 있음
- 심층 면담에서는 교사의 학교급별, 경력별, 관심별 교육 연수를 자발적으로 받을 수 있다는 점에서 향후 교육이 필수적으로 수행될 경우, 필요한 부분에 대한 연수가 가능한 것으로 나타났으나, 단 관련 교육을 수행하기 위한 교재 및 수업 자료가 부재하여 수업을 지원할 수 있는 다양한 자원이 마련될 필요가 있음을 보여 줌
- ○ 향후 학교급별, 경력별, 성별 사서 교사 간 중요도 또는 실행도의 차이가 있는지를 살펴봄으로써, 사서 교사의 수준별 맞춤형의 교육 또는 교육 자료 개발 등이 이루어져야 함
- 또한, 앞서 심층 면담에서 학교급별 학생의 수준과 교육의 환경, 수업 목적 등이 달라질 수 있다는 점에서 본 연구를 통해 개발되는 프레임워크에 대해 유연하게 활용할 수 있고 학생 및 교사 맞춤형의 유연한 교육과정 설계를 위한 모듈별 교육과정 개발 및 수업 설계 등이 가능할 수 있도록 프레임워크를 개발할 필요가 있음을 보여 줌

PART

IV

전문가 델파이를 통한 타당화

1. 연구 절차 및 방법
2. 연구 참여자
3. 연구 도구
4. 자료의 해석
5. 전문가 델파이 결과

1. 연구 절차 및 방법

○ 본 연구의 목적은 사서 교사들이 학교 도서관 교육 맥락에서 디지털 리터러시 교육에 활용할 수 있는 다양한 교수·학습 자원 및 도구를 개발·지원하기 위해, 기저가 되는 디지털 리터러시 교육 프레임워크 개발을 목적으로 함

○ 이를 위해, 선행 연구 및 선행 사례, 사서 교사의 요구 분석(심층 면담 및 설문)을 기반으로 학교 도서관 맥락에서의 디지털 리터러시 교육 프레임워크 초안을 도출하였고 전문가 델파이를 수행하여 타당도를 검증하였음

○ 델파이 조사법(Delphi method)은 해당 분야의 전문가를 대상으로 관련 분야에서의 특정 주제에 대하여 주관적인 평가를 요구하여 서로 평가 내용을 반복적으로 공개 공유함으로써 다시 객관적으로 내용을 재평가하여 의견을 제시할 수 있도록 하여 다수의 전문가가 동의하는 결과를 도출하기 위한 방법임(Helmer, 1967). 특히, 델파이 조사에서는 특정 전문가의 의사가 절대적으로 영향을 미치지 않도록 서로 분리된 상태에서 개별적으로 의견을 제시할 수 있도록 하여 편견을 배제하고 합리적인 의사결정을 할 수 있도록 이끄는 방법으로 온라인 또는 필기의 형태로 이루어짐. Murry & Hammons(1995)에 따르면 델파이는 최소 10명 이상으로 패널 구성이 될 때 일반적으로 신뢰성을 확보할 수 있다고 강조하였고, 본 연구에서는 그룹의 다양성을 반영하여 10명의 전문가를 대상으로 선정하고자 함

○ 전문가 델파이는 2회로 진행하였으며, 1차에서는 교육 프레임워크의 영역명, 하위 역량 요소명, 각 역량 요소에 따른 성취 수준 예시에 대하여 타당성을 평가하고, 추가 또는 삭제해야 할 요소 등을 전반적으로 검토하고 수정하는 단계로 진행하였고, 2차에서는 1차 전문가들의 의견을 종합하여 수정된 최종 교육 프레임워크에 대하여 타당성과 신뢰도를 확보하기 위한 평가를 수행하였음

- 전문가 델파이 수행: 전문가 델파이는 이메일을 통해 발송하였고, 1차에서 수합된 전문가들의 오픈 의견을 바탕으로 전반적인 전체 체계 및 틀을 수정하였고, 유사한 수행 성취 예시를 삭제하거나 통합하였으며, 전문가가 추가 의견을 통해 성취 수행 예시를 추가하기도 하였음, 2차에서는 전문가들이 최종적으로 전체 프레임워크에 대한 타당도를 평가하였음

2. 연구 참여자

○ 디지털 리터러시 교육 현장의 실질적인 요구를 반영하기 위해 다양한 교육 분야에서 활동하고 있는 전문가 10명을 대상으로 델파이 조사를 실시하였음. 본 연구에서 델파이 조사에 참여한 전문가는 다음 〈표 Ⅳ-1〉과 같음

〈표 Ⅳ-1〉 연구 참여자 프로파일

평가자	소속	직위	전공 분야	최종학력	교직경력(교사)	연구 경력
A	교육청	장학사	교육공학	박사		18년
B	대학	교수	교육공학	박사		30년
C	대학	부교수	국어교육	박사		15년
D	대학	부교수	교육공학	박사		18년
E	교육 관련 공공기관	연구위원	과학교육	박사		28년
F	고등학교	사서교사	문헌정보교육학	석사	10년	
G	대학	조교수	국어교육	박사		15년
H	대학	조교수	교육공학 교육정책	박사		25년
I	교육 관련 공공기관	부연구위원	교육공학	박사		11년
J	초등학교	사서교사	문헌정보학	학사	6년	사서 12년

○ 전문가 델파이 참여자들은 교육공학, 국어교육, 과학교육, 문헌정보학 등에서 학문적 전문성과 풍부한 현장 경험을 지닌 교수, 연구원, 교사들로 구성되어 있으며, 교수설계, 이러닝, 학습분석, 디지털 교육 등과 같은 분야에서 활동하고 있는 교육 전문가들로 구성됨
- 또한, 본 연구에 참여한 전문가들은 문서화된 지침 항목을 명확하게 이해할 수 있는 수준의 전문성을 지닌 인물들로, 전공 영역에서 10년 이상의 연구 경력을 가지고 있음

○ 델파이 조사 결과는 기술통계 분석을 통해 평균, 표준편차, 사분위수를 산출함
- 이후 연구진은 평균값이 낮은 항목에 대해 반복적인 논의를 거쳐 기타 의견을 종합하였으며, 이 중 지침 설명의 보완이 필요하거나 내용상 부적절하다고 판단되는 부분은 수정·보완함
- 또한 항목의 적절성과 타당도에 따라 내용을 재구성하였고, 부적합하거나 타당도가 매우 낮다고 판단된 항목은 삭제함
- 이렇게 수정된 지침은 2차 델파이 조사를 통해 다시 검토 및 검증을 진행함

3. 연구 도구

○ 전문가 델파이 조사는 앞서 요구 분석에 사용된 학교 도서관 맥락에서의 디지털 리터러시 교육 프레임워크에서 영역별 하위 역량 요소별 성취 목표 예시에 대하여 타당도 점수를 4점 척도(1점 전혀 타당하지 않다, 4점 매우 타당하다)로 평가함
- 각각 성취 목표 예시에 대한 오픈 문항(추가할 사항, 수정 사항 등)으로 의견을 제시할 수 있도록 함
- 또한, 추가 문항 및 각 영역 및 하위 역량 요소에 대한 의견 및 전체 체계에 대한 평가를 4점 척도로 수행함
- 다음 〈표 IV-2〉는 전문가 델파이를 수행하기 위해 개발된 학교 도서관 맥락에서의 디지털 리터러시 교육 프레임워크 초안임

〈표 IV-2〉 학교 도서관 맥락에서의 디지털 리터러시 교육 프레임워크 초안

영역	하위 요소	성취 수행 예시
A. 디지털 미디어·정보를 탐색·활용·관리하기	A1. 주제(문제)에 대한 미디어·정보 검색 및 데이터 수집하기	A1-1. 문제해결을 위해 주제와 관련된 관심 키워드를 추출하고 질문을 구체화하여, 나만의 과제를 도출할 수 있다.
		A1-2. 학교 도서관 서비스 또는 시스템(독서로 등)을 활용하여 도서관 데이터베이스와 분류체계를 이해하고, 특정 주제와 관련된 적합한 자료를 효과적으로 찾을 수 있다.
		A1-3. 문제해결을 위해 어떤 종류의 미디어 또는 정보를 활용할 것인지를 논의할 수 있다.

	주어진 주제에 대한 디지털 미디어·정보를 목적에 맞게 검색하고, 전략적으로 탐색하여 문제해결에 적합한 미디어 및 정보를 수집할 수 있는 역량	A1-4. 주제와 관련된 미디어 또는 정보를 검색하기 위해 검색 조건 및 검색어 등을 설정하고, 그에 맞춰 검색 방법을 조정할 수 있다.
		A1-5. 인터넷, 응용 소프트웨어, AI 챗봇, 디지털 콘텐츠 등을 활용하여 문제해결을 위한 자료를 수집할 수 있다.
		A1-6. 특정한 주제를 찾기 위해 가장 적절한 검색 엔진 및 연산자(AND, OR, NOT 등)를 선택할 수 있다.
		A1-7. 주제와 관련된 미디어, 정보, 문화 콘텐츠의 특성을 이해하고 이를 활용할 수 있다.
	A2. 미디어·정보를 분석적이면서 비판적으로 이용하기 디지털 미디어·정보의 신뢰성과 적합성을 바탕으로, 비판적으로 분석·비교·평가하여 이를 문제해결에 이용할 수 있는 역량	A2-1. 내가 찾은 정보가 신뢰할 수 있는 정보 원천을 가졌는지를 평가할 수 있다.
		A2-2. 내가 찾은 정보가 사실인지 의견인지를 구분하여 제시할 수 있다.
		A2-3. 디지털 정보를 효과적으로 활용하여 비판적으로 평가하고 정보에 기반한 결정을 내릴 수 있다.
		A2-4. 검색한 정보가 문제해결에 유용한 내용을 담고 있는지를 평가할 수 있다.
		A2-5. 검색한 정보에 오류나 숨겨진 의도가 있는지를 파악할 수 있으며 어떤 목적으로 미디어 또는 정보가 만들어졌는지를 생각할 수 있다.
		A2-6. 추출된 정보에 대해 평가 기준을 세워 중요도와 우선순위를 평가할 수 있다.
		A2-7. 수집한 정보를 바탕으로 문제해결에 관련성, 주제, 키워드 등을 파악하고, 가치와 의미를 비판적으로 생각할 수 있다.
		A2-8. 수집한 정보를 분석하고 체계적으로 정리하여 문제해결 과제 및 연구 결과(보고서, 요약자료 등)의 데이터로 활용할 수 있다.
	A3. 정보·데이터를 목록화하고 관리하기 디지털 정보·데이터를 체계적으로 분류 및 목록화하고, 이를 저장·관리할 수 있는 역량	A3-1. 자신이 찾은 정보 및 내용을 요약하여 문제해결에 활용할 수 있도록 정리하고 목록화할 수 있다.
		A3-2. 자신이 찾은 정보를 관리하는 데 체계적인 도구를 선택하여 디렉터리에 파일 구조를 생성하고 목록별로 저장하여 관리할 수 있다.
		A3-3. 자신이 찾은 정보를 문제해결에 활용하기 위해, 자신만의 형태의 정보 파일(표, 이미지(캡처), 다이어그램, 요약문 등)로 변환하거나 구조화하여 표현할 수 있다.

영역	하위 요소	성취 수행 예시
B. 디지털 의사소통 및 협업을 통해 아이디어 도출하기	B1. 디지털 의사소통을 통한 정보·데이터 공유 및 소통하기(확산적 아이디어 공유 과정) 디지털 도구를 활용하여 정보·데이터를 공동체와 공유하고 소통할 수 있는 역량	B1-1. 자신이 찾는 정보·데이터를 다른 사람과 공유할 수 있도록 주어진 템플릿이나 틀에 맞게 요약·변환할 수 있다.
		B1-2. 정보·데이터를 다른 사람과 공유하기 위해, 목적 및 형태에 적합한 도구를 선택할 수 있다.
		B1-3. 효과적인 의사소통 방법이나 소통·공유 도구를 활용하여, 협업 작업을 설정할 수 있다.
		B1-4. 디지털 상호 작용 과정에서 자신의 감정이나 의견을 적절하게 표현할 수 있다.
		B1-5. 온라인에서 의사소통과 협업을 할 때 지켜야 할 예절에 대해 설명할 수 있다. (예: 미디어 공유 신중하게 하기, 저작권법 잘 지키기, 개인정보 보호를 위해 노력하기)
		B1-6. 자신이 찾은 정보 및 미디어 콘텐츠의 내용을 정확하게 이해하고, 효과적인 미디어를 통해 자신의 생각과 느낌을 표현할 수 있다.
	B2. 디지털 협업을 통해 도출한 아이디어를 통합하여 제시하기(수렴적 아이디어 도출 과정) 디지털 도구 및 정보를 활용하여 다른 사람들과 협업을 통해 도출한 아이디어를 수렴적으로 제시할 수 있는 역량	B2-1. 다양하게 수집된 정보와 의견을 바탕으로 사회적 의사결정에 적극적으로 참여할 수 있다.
		B2-2. 다른 사람과 협업하고 상호작용을 하기 위한 적절한 디지털 기술(예: 마인드맵, 포스트잇 보드 등)을 활용할 수 있다.
		B2-3. 분석한 정보를 소셜 미디어 또는 협업 플랫폼 등에 아이디어를 표현할 수 있다.
		B2-4. 정보·미디어를 활용하여 문제해결에 의미 있는 결과를 도출하기 위해 소통할 수 있다.
		B2-5. 정보·미디어를 활용하여 최적의 아이디어를 도출하고 수렴적인 아이디어를 제안할 수 있다.

영역	하위 요소	성취 수행 예시
C. 디지털 콘텐츠를 생산·개선·실천하기	C1. 문제해결을 위해 창의적인 아이디어를 큐레이션하여 디지털 콘텐츠로 생산하기	C1-1. 수집된 정보와 협업의 과정을 통해 도출한 정보를 수렴된 하나의 형태의 문제해결 결과로 창출할 수 있다.
		C1-2. 디지털 콘텐츠를 생성하기에 가장 적합한 방식의 디지털 도구를 선정할 수 있다.
		C1-3. 아이디어를 큐레이션 하여 프레젠테이션, 이미지, 도표, 글, 보고서, 뉴스레터, 유튜브, 블로그 등으로 문제해결 아이디어를 효과적으로 표현할 수 있다.

	문제해결 관점에서 목적과 상황에 맞게 디지털 콘텐츠를 창의적으로 수정·편집·창조할 수 있는 역량	C1-4. 문제해결 솔루션을 통합적인 형태의 창의적인 콘텐츠(예를 들어, 애니메이션, 앱, 영상 등)로 재생산하여 종합할 수 있다.
		C1-5. 아이디어를 구체화하기 위해 간단한 형태의 시제품(모형, 만들기 작품 등)이나 프로토타입(교구 활용 작품)으로 제작할 수 있다.
	C2. 생산한 디지털 콘텐츠를 평가하고 개선하기 문제해결 측면에서 효과성, 효율성, 감성, 안정성, 공평성, 보편성 등 다양한 관점에서 평가하고 개선할 수 있는 능력	C2-1. 아이디어에 대한 사회적 책임이나 윤리적 이슈를 고려하고 이를 성찰할 수 있다.
		C2-2. 도출된 아이디어 해결안에 대해 자신의 생각과 느낌을 공유하고 이를 평가하여 개선할 수 있다.
		C2-3. 동료 학습자의 의견을 바탕으로 성찰하며, 그것이 미칠 수 있는 영향을 생각할 수 있다.
		C2-4. 도출된 아이디어가 사회에 미칠 영향을 논의하고 평가할 수 있다.
		C2-5. 아이디어의 효과성, 효율성, 감성, 안정성, 공평성, 보편성 등 다양한 관점에서 평가하고 이를 개선할 수 있다.
		C2-6. 아이디어를 개선하기 위해 실질적인 사용자에게 인터뷰나 설문조사를 수행하여 이를 평가하고 개선 방안을 도출할 수 있다.
	C3. 문제해결 아이디어를 실천할 수 있도록 공유 및 다른 사람과 함께 향유하기 디지털 도구를 활용하여 문제해결 아이디어를 학교 구성원 및 주변 사람들에게 적극적으로 실천하기 위해 공유하고 향유할 수 있는 역량	C3-1. 문제해결 아이디어를 실질적으로 실천할 수 있는 방안을 모색하기 위해 가족 구성원, 직장, 커뮤니티에 지식을 공유할 수 있다.
		C3-2. 문제해결 아이디어를 실행하기 위해 우리가 할 수 있는 실천 공약을 생각할 수 있다.
		C3-3. 아이디어의 실천을 촉진하기 위해 소셜미디어 또는 다양한 플랫폼을 활용하여 실천적 형태의 산출물로 공유할 수 있다.
		C3-4. 산출물을 공유하는 과정에서 저작권 문제, 출처, 개인정보 및 초상권 보호 등을 지켜 안전하게 공유할 수 있다.
		C3-5. 사회적 참여의 과정에서 디지털 자기 정체성(온라인 환경에서 자신의 평판)을 관리하고, 디지털 예절을 지킬 수 있다.
		C3-6. 자신이 생산한 콘텐츠를 디지털 미디어를 활용하여 다른 사람과 함께 향유할 수 있다.

4. 자료의 해석

○ 본 연구에서는 전문가 델파이 조사를 통해 개발된 교육 프레임워크의 타당도를 확보하는 것을 목적으로 1차에서는 영역별, 하위 요소별, 성취 수행목표 예시의 타당성을 전문가 간 비교하고 판단하기 위해 평균과 표준편차를 비교하였고, 1차 결과를 통해 문항을 수정하였음

- 단, 전체 교육 프레임워크의 모델 타당성을 확보하기 위해, Rubio et al.(2003), Yaghmaie(2003), Zamanzadeh et al.(2015)가 제시한 평가 조건을 종합하여 설계 영역의 적절성, 영역·하위 요소 연결의 타당성, 타당성, 설명력, 유용성, 보편성, 이해도를 기준으로 전체 프레임워크의 내적 타당도를 확보하였고, 내적 타당도는 내용 타당도 지수(content validity index: CVI)와 평가자 간 일치도 지수(inter-rater agreement: IRA)로 평가하였음
- CVI는 내적 타당도 점수로 타당하다고 한 전문가 수를 전체 전문가 수로 나누어서 계산하는 방식으로, 4점 척도를 기준으로 부정적 평가(1~2점)는 0점(타당하지 않음)으로 간주하여 계산하고, 3~4점은 1점(타당함)으로 계산함(Rubio et al., 2003; Zamanzadeh et al., 2015)
- 평가자 간 일치도 지수(inter-rater agreement: IRA)는 0.8 이상인 경우 내용 타당도가 높은 것으로 간주하고(Davis, 1992), 전체 평가 기준 중 전문가들이 모두 타당하다고 본 의견 일치를 전체 기준으로 나누어 계산함(Rubio et al., 2003)

○ 2차 델파이에서는 최종 교육 프레임워크의 영역 및 하위 역량 요소, 그에 따른 성취 수행 예시의 내적 타당도를 확보하기 위해, 각 성취 목표 수준 예시의 항목별 내적 타당도를 평가하는 I-CVI와 전문가 간 전체 항목의 내적 타당도 일치도를 평가하기 위한 S-CVI를 계산하였음(Zamanzadeh et al., 2015)
- I-CVI는 각 항목의 내적 타당도 점수로 타당하다고 한 전문가 수를 전체 전문가 수로 나누어서 계산하는 방식으로, 4점 척도를 기준으로 1~2점은 0점(타당하지 않음)으로 계산하고, 3~4점은 1점(타당함)으로 계산함(Rubio et al., 2003; Zamanzadeh et al., 2015)
- S-CVI 값은 전문가들 간 합치된 의견을 파악하기 위해, 모든 전문가가 "타당하다"고 동의한 문항으로 모든 문항의 I-CVI 값의 평균으로 계산하였음
- Polite & Beck(2006)은 6~10인의 전문가가 내적 타당도를 평가할 때, I-CVI 값은 0.78 이상이 타당하며, S-CVI는 0.9 이상일 때 내적 타당도를 확보한 것으로 논의하였음

5. 전문가 델파이 결과

가. 1차 델파이 결과

○ 먼저, 디지털 리터러시 교육 프레임워크와 관련하여 설계 영역의 적절성, 영역·하위 요소 연

결의 타당성, 타당성, 설명력, 유용성, 보편성, 이해도를 바탕으로 프레임워크의 전반적인 타당성을 평가함
- 총 10명으로 구성된 평가진의 의견을 분석해 본 결과, 다음 〈표 IV-3〉과 같음

〈표 IV-3〉 디지털 리터러시 교육 프레임워크의 전반적인 타당도 1차 델파이 결과

평가자	설계 영역의 적절성	영역-하위요소 연결의 타당성	타당성	설명력	유용성	보편성	이해도
A	4	3	4	4	4	4	3
B	4	4	4	3	3	4	4
C	4	2	4	4	4	4	3
D	4	3	3	3	4	4	4
E	2	3	3	3	3	2	3
F	4	4	4	3	4	4	4
G	4	4	4	3	4	4	3
H	3	4	3	4	4	4	3
I	4	3	3	4	4	3	4
J	4	4	4	4	3	3	4
M	3.70	3.40	3.60	3.50	3.70	3.60	3.50
SD	0.64	0.66	0.49	0.50	0.46	0.66	0.50
CVI	0.9	0.9	1	1	1	0.9	1
IRA	1						

- 〈표 IV-3〉처럼 전반적으로 7개의 평가 항목에서 모두 0.9점 이상을 받아 내적 타당도가 높은 것으로 나타났으며, 전문가 간 의견 합치도도 100%인 것으로 최종 평가되었음
- 단, 내적 평가도가 0.9인 항목을 중심으로 타당도를 높이기 위해 항목별 평가에 따라 역량 요소 또는 성취 수행 예시를 수정·보완하였음
○ 각 영역의 하위 요소에 따른 성취 수행 예시별로 대한 1차 델파이 조사 결과, 전문가들의 의견을 바탕으로 타당도를 평가하고 각 항목에 대한 오픈 의견을 기반으로 문구를 수정하거나, 삭제 또는 보완, 통합 등을 수행하였음
- 다음 〈표 IV-4〉는 A 영역에 대한 전문가의 평가 결과 및 문항 수정 방향을 요약하였음

〈표 Ⅳ-4〉 디지털 리터러시 교육 프레임워크의 A 영역 1차 델파이 결과

하위요소별 성취 수행 예시		타당도					문항 수정 방향
		M	SD	Q1	-	Q3	
A1	1	3.60	0.66	3.25	-	4	문구 수정
	2	3.60	0.49	3	-	4	분류 체계 이해에 대한 내용 삭제
	3	3.10	0.70	3	-	3.75	문구 수정
	4	3.60	0.49	3	-	4	문구 수정
	5	3.80	0.40	4	-	4	문구 수정
	6	3.30	0.46	3	-	3.75	삭제
	7	3.20	0.87	2.25	-	4	A1 영역에서 A2 영역으로 변경하고 문구 수정
A2	1	3.70	0.46	3.25	-	4	문구 수정
	2	4.00	0.00	4	-	4	문구 수정
	3	3.90	0.30	4	-	4	문구 수정
	4	3.90	0.30	4	-	4	순서 변경
	5	3.50	0.50	3	-	4	문구 수정, 순서 변경
	6	4.00	0.00	4	-	4	문구 수정, 순서 변경
	7	3.40	0.66	3	-	4	문구 수정, 순서 변경
	8	3.78	0.42	4	-	4	A2 영역에서 A3 영역으로 변경하고 문구 수정
A3	1	3.80	0.40	4	-	4	A2 영역에 유사 목표와 겹치지 않도록 수행 용어를 명확하게 수정함
	2	3.60	0.49	3	-	4	문구 수정
	3	3.67	0.47	3	-	4	문구 수정

○ 첫 번째로, 하위 요소 A1에서는 성취 수행 예시 A1-5가 평균 3.80으로 가장 높은 타당도를 보였으며, 반면, 성취 수행 예시 A1-3은 평균 3.10으로 가장 타당도가 낮은 것으로 나타남
- A1-3이 타당도가 낮은 이유로 '논의할 수 있다'라는 성취 목표가 디지털 리터러시에 적합하지 않은 성취 수행으로 대부분 전문가가 논의함
- 전문가의 의견에 따라 디지털 리터러시에 성취 수행을 목표에 적합한 형태로 "선택할 수 있다"라는 수행 동사로 수정함
- 하위 요소 A2에서는 성취 수행 예시 2와 성취 수행 예시 6이 모두 평균 4.00으로 타당성이 가장

높게 나타남
- 한편, 성취 수행 예시 7은 평균 3.40으로 가장 타당성이 낮은 것으로 평가되었는데, '비판적으로 생각할 수 있다'라는 성취 목표의 부정확성이 타당성이 낮은 이유로 제시됨
- A3 영역의 경우, 성취 수행 예시 1이 평균 3.80으로 가장 높은 타당성 점수를 받았으며, 성취 수행 예시 2는 평균 3.60으로 타당도가 가장 낮았음
- 성취 수행 예시 A3-2는 '체계적인 도구'의 부정확성과 '디렉터리에 파일 구조 생성'이 너무 구체적인 예시라는 점 등이 논의되어 좀 더 명확한 도구를 활용하여 저장·관리하는 성취 수행을 제안함

○ 두 번째로 B 영역의 1차 전문가 델파이 결과는 다음과 같음
- 다음 〈표 Ⅳ-5〉는 B 영역에 대한 전문가의 평가 결과 및 문항 수정 방향을 요약하였음
- B 영역의 결과를 보면, 하위 요소 B1에서는 성취 수행 예시 2가 평균 4.00으로 타당도가 가장 높은 것으로 나타났고, 모든 전문가가 동일하게 높은 점수를 부여했다는 점에서 신뢰성이 높다고 평가할 수 있음
- 반면, 성취 수행 예시 3은 평균 3.40으로 가장 낮은 타당도 점수를 받았는데, 이는 성취 수행이 명확하지 않은 것으로 논의됨

〈표 Ⅳ-5〉 디지털 리터러시 교육 프레임워크의 B 영역 1차 델파이 결과

하위요소별 성취 수행 예시		타당도					문항 수정 방향
		M	SD	Q1	-	Q3	
B1	1	3.80	0.40	4	-	4	문구 수정, 순서 변경
	2	4.00	0.00	4	-	4	문구 수정, 순서 변경
	3	3.40	0.66	3	-	4	예시 추가, 문구 수정
	4	3.70	0.46	3.25	-	4	태도 역량으로 변경
	5	3.80	0.40	4	-	4	태도 역량 중 겹치는 구인 제거 후 문구 수정
	6	3.60	0.80	4	-	4	문구 수정, 순서 변경
B2	1	3.90	0.30	4	-	4	순서 변경
	2	3.60	0.49	3	-	4	수행을 명확히 하여 문구 수정
	3	3.40	0.80	3	-	4	문구 수정
	4	3.90	0.30	4	-	4	문구 수정
	5	3.70	0.64	4	-	4	성취 수준을 명확하게 문구 수정

- '협업 작업을 설정할 수 있다'라는 성취 수행에서 협업 작업과 설정이 모호하다는 의견을 제시하였음. 도구도 구체적으로 제시해 줄 필요성이 논의됨
- 이러한 의견을 바탕으로 "효과적인 의사소통을 위해, 소통·공유 도구(ex, 협업 보드, 소셜 미디어 등)의 환경(설정)을 조성할 수 있다."로 수정함으로써, 도구의 구체적인 예시를 제시하고 수행 동사로 구체성을 높여 수정하였음
- B 영역에서 성취 수행 예시들은 평균 3.60~3.80 수준으로, 전반적으로 타당도가 높은 것으로 나타남
- 하위 요소 B2에서는 성취 수행 예시 1과 성취 수행 예시 4가 모두 평균 3.90으로 가장 높은 점수를 받아, 성취 수행의 필요성 측면에서는 타당도가 높은 것으로 나타났음. 이에 비해 성취 수행 예시 B2-3은 평균 3.40으로 가장 낮은 점수를 보여 주었는데, 전문가들은 B1이 확산적 아이디어를 도출하는 것에 초점을 맞추고, B2의 경우에는 수렴적 아이디어 도출이라는 것을 좀 더 명확하게 드러나게 하면서 B1의 성취 요소와 구분되는 형태로 수행 예시가 구체화될 필요가 있음을 논의함
- 이러한 의견에 따라 수행 예시를 "수렴적 아이디어로 통합·구성할 수 있다"라는 수렴적 아이디어를 강조하는 수행 성취 예시로 문구를 수정함
- B의 영역에서는 확산적인 아이디어 공유와 수렴적 아이디어 통합하는 과정에서 협업이 가장 활발하게 수행되는 영역이라는 점에서 전문가 중 몇 분이 태도적 측면에서의 수행 예시가 추가될 필요성을 제시함
- 이에 따라 본 연구에서는 2개의 태도적 측면에서 디지털 예절을 강조한 성취 수행과 다양한 관점에 대한 열린 자세를 가지고 협업하는 자세를 성취 수행 예시로 추가함
○ 세 번째로 C 영역의 1차 전문가 델파이 결과는 다음과 같음
- 다음 〈표 Ⅳ-6〉은 C 영역에 대한 전문가의 평가 결과 및 문항 수정 방향을 요약하였음
- 하위 요소 C1 영역에서는 성취 수행 예시 1과 성취 수행 예시 4가 평균 3.80으로 가장 높은 타당도를 가지는 것으로 나타남
- 반면, 성취 수행 예시 2는 평균 3.60으로 가장 타당도가 낮았는데, "종합할 수 있다"라는 성취 수행 동사가 어렵고 이해도가 떨어진다는 논의가 있었음
- 이러한 의견에 따라 "재구성하여 제작할 수 있다"라는 구체적인 성취 수행으로 수정함

- 전체적으로는 모든 성취 수행 예시가 3.60 이상의 평균값을 보여 전반적으로 높은 수준의 타당도를 가지는 것으로 평가됨
- 하위요소 C2 영역에서는 성취 수행 예시 6이 평균 3.90으로 가장 높은 타당도를 가지는 것으로 나타났고, 성취 수행 예시 2와 성취 수행 예시 3이 평균 3.70으로 가장 낮은 점수를 받았음. 그런데도 대체적으로 타당도가 다른 영역에 비해 높게 평가됨

〈표 Ⅳ-6〉 디지털 리터러시 교육 프레임워크의 C 영역 1차 델파이 결과

영역 및 항목		타당도					문항 수정 방향
		M	SD	Q1	-	Q3	
C1	1	3.80	0.40	4	-	4	수행 예시 축소하여 문구 수정
	2	3.60	0.66	3.25	-	4	
	3	3.70	0.46	3.25	-	4	문구 수정
	4	3.80	0.40	4	-	4	문구 수정
	5	3.70	0.46	3.25	-	4	
C2	1	3.80	0.40	4	-	4	순서 변경
	2	3.70	0.46	3.25	-	4	문구 수정
	3	3.70	0.46	3.25	-	4	문구 수정
	4	3.70	0.64	4	-	4	문구 수정
	5	3.80	0.40	4	-	4	성취 수준을 줄여서 문구 수정
	6	3.90	0.30	4	-	4	문구 수정
C3	1	3.80	0.40	4	-	4	삭제 및 통합
	2	3.70	0.46	3.25	-	4	순서 변경
	3	3.90	0.30	4	-	4	2번과 차별화 문구로 수정
	4	4.00	0.00	4	-	4	문구 수정
	5	3.80	0.40	4	-	4	
	6	3.60	0.66	3.25	-	4	문구 수정

- 하위 요소 C3 영역에서는 성취 수행 예시 4가 평균 4.00으로 가장 높은 타당도 점수를 받았으며, 이는 전문가 전원이 최고점(4점)을 부여한 결과로, 매우 높은 합의 수준을 보여 주었음
- 반대로 성취 수행 예시 6은 평균 3.60으로 타당도가 약간 낮은 것으로 평가되었음. 그러나 전체

적으로 C3 영역 역시 모든 성취 수행 예시가 3.60 이상으로 평가되어 타당도가 높은 것으로 나타남

○ 전반적으로 전문가들은 전체 체계와 영역 및 하위 요소에 대해서는 명확한 구인과 개념을 가진 것으로 타당성을 높게 평가함. 또한, 도서관 맥락에서 수행해야 하는 디지털 리터러시 교육의 절차와 방법에서 타당도가 높은 것으로 평가되었음

- 하지만, 성취 수행 동사가 명확하지 않은 경우, 2개 이상의 성취 목표로 구성된 경우, 정확한 도구가 언급되지 않았거나 성취 수행이 명확하게 기술되어 있지 않은 경우 구체적인 수정 방향을 제시하였음

- 또한, 개념이 모호한 경우, 또는 교육의 순서상 전후가 필요한 경우 순서 변경 등을 제안함

- 1차 델파이에서 활발하게 제시한 전문가의 의견에 따라, 전반적으로 2개 이상의 성취 수행으로 구성된 예시는 2개로 나누었고, 유사한 성취 수행은 합치고, 순서를 변경하거나, 일부 태도 문항을 추가하거나, 모호한 문구를 다듬고 수정함

- 특히, 성취 수행 예시가 영역에 겹치는 경우가 논의된 경우에는 각 영역에서 목표로 하는 성취 수행을 중심으로 기술하여 각 영역에서 수행해야 하는 성취 목표에 도달할 수 있도록 문구를 수정함

나. 2차 델파이 결과

○ 1차 델파이 조사 결과를 반영하여 수정된 디지털 리터러시 프레임워크의 요소에 대하여 2차 델파이 조사를 실시함

- 먼저 1차와 마찬가지로 설계 영역의 적절성, 영역-하위 요소 연결의 타당성, 타당성, 설명력, 유용성, 보편성, 이해도를 바탕으로 한 성취 수행 예시의 전반적인 타당성(CVI)과 전문가 간 내적 합치도(IRA)는 〈표 Ⅳ-7〉과 같음

〈표 Ⅳ-7〉 디지털 리터러시 교육 프레임워크의 전반적인 타당도 2차 델파이 결과

평가자	설계 영역의 적절성	영역-하위요소 연결의 타당성	타당성	설명력	유용성	보편성	이해도
A	4	4	4	4	4	4	3
B	3	4	3	3	3	3	3

C	4	4	4	4	4	4	3
D	4	4	4	4	4	4	4
E	4	4	4	4	4	4	4
F	4	4	4	3	4	4	3
G	4	4	4	4	4	4	3
H	4	4	4	4	4	4	4
I	3	4	4	4	4	3	4
J	4	4	4	4	4	4	4
M	3.80	4.00	3.90	3.80	3.90	3.80	3.50
SD	0.40	0.00	0.30	0.40	0.30	0.40	0.50
CVI	1	1	1	1	1	1	1
IRA	1						

- 〈표 IV-7〉처럼 전반적으로 7개의 평가 항목에서 모두 1점을 받아 내적 타당도가 매우 높아졌으며, 전문가 간 의견 합치도도 100%인 것으로 최종 평가되었음
○ 2차 전문가 델파이에서는 최종 교육 프레임워크에 대한 내적 타당도를 확보하기 위해, 항목별 내적 타당도(I-CVI)를 통해 항목을 점검하고, 각 항목에 따른 전체 영역과 하위 역량 요소의 타당도를 평가하기 위해 S-CVI를 확인하였음
○ 다음 〈표 IV-8〉은 A 영역에 대한 2차 전문가 델파이의 평가 결과와 내적 타당도를 제시하였음

〈표 IV-8〉 디지털 리터러시 교육 프레임워크의 A 영역 2차 델파이 결과

영역 및 항목		타당도					I-CVI
		M	SD	Q1	-	Q3	
A1	1	3.90	0.30	4	-	4	1
	2	3.90	0.30	4	-	4	1
	3	3.30	0.78	3	-	4	0.8
	4	4.00	0.00	4	-	4	1
	5	3.70	0.48	3.25	-	4	1
A2	1	3.60	0.52	3	-	4	1
	2	4.00	0.00	4	-	4	1
	3	3.90	0.30	4	-	4	1

	4	3.90	0.30	4	-	4	1
	5	4.00	0.00	4	-	4	1
	6	3.90	0.30	4	-	4	1
	7	3.50	0.52	3	-	4	1
	8	4.00	0.00	4		4	1
A3	1	3.80	0.42	4	-	4	1
	2	3.80	0.42	4	-	4	1
	3	4.00	0.00	4		4	1
	4	3.80	0.42	4	-	4	1
	5	3.80	0.42	4		4	1
						S-CVI	0.99

- 하위 요소 A1에서는 성취 수행 예시 A1-4가 평균 4.00으로 모든 전문가로부터 '매우 타당하다'라는 평가를 받아 가장 높은 타당도를 보여 줌

- 반면, 성취 수행 예시 A1-3은 평균 3.30으로 가장 낮은 타당도를 보여 줌. A1-3의 낮은 타당도와 관련하여, 해당 수행 예시가 어떤 목적과 맥락에서 수행되어야 하는지 명확하지 않다는 의견이 있었으며, 이에 따라 "문제해결을 위해"라는 목적 문구를 추가하여 수정함

- 하위 요소 A2에서는 성취 수행 예시 2, 6, 8이 각각 평균 4.00으로 가장 높은 타당도를 보여 줌. 반면, 성취 수행 예시 7은 평균 3.50으로 가장 낮은 타당성을 나타냄. 해당 예시의 경우 '문제해결과의 관련성' 표현이 어색하다는 평가가 있었으며, 이에 해당 문구를 보다 명확하고 자연스럽게 수정함

- 하위 요소 A3 영역에서는 성취 수행 예시 3이 평균 4.00으로 모든 전문가로부터 '매우 타당하다'라는 평가를 받아 가장 높은 타당도를 보여 주었음

- 또한 2차 델파이 결과의 경우, 개별 문항의 타당도를 평가하는 I-CVI(Item-level Content Validity Index)와 각 영역의 문항 전체 타당도를 평가하는 S-CVI(Scale-level CVI)를 함께 제시하였음. 일반적으로 전문가 수 5명 이상일 경우, I-CVI가 0.78 이상이면 타당하다고 판단(Lynn, 1986)하는데, 모든 성취 수행 예시는 I-CVI 값이 0.78 이상으로 나타나, 내용 타당도가 충분히 확보된 것으로 판단할 수 있으며, S-CVI의 경우 0.99로 나타나 A 영역을 구성하는 항목 및 성취 수행 예시의 타당도가 충분히 확보되었다고 말할 수 있음

○ 다음 〈표 IV-9〉는 B 영역에 대한 2차 전문가 델파이의 평가 결과와 내적 타당도를 제시하였음

〈표 IV-9〉 디지털 리터러시 교육 프레임워크의 B 영역 2차 델파이 결과

영역 및 항목		타당도					I-CVI
		M	SD	Q1	-	Q3	
B1	1	4.00	0.00	4	-	4	1
	2	3.80	0.40	4	-	4	1
	3	3.80	0.40	4	-	4	1
	4	3.60	0.66	3.25	-	4	0.9
	5	3.90	0.30	4	-	4	1
	6	3.90	0.30	4	-	4	1
B2	1	3.90	0.30	4	-	4	1
	2	4.00	0.00	4	-	4	1
	3	4.00	0.00	4	-	4	1
	4	3.8	0.42	4	-	4	1
	5	3.7	0.67	3.75	-	4	0.9
	6	3.8	0.42	4	-	4	1
	7	3.70	0.46	3.25	-	4	1
						S-CVI	0.99

- 하위 요소 B1에서는 성취 수행 예시 1번이 평균 4.00으로 모든 전문가로부터 '매우 타당하다'라는 평가를 받아 가장 높은 타당도를 보여 줌
- 반면, 성취 수행 예시 4번은 평균 3.60으로 B 영역의 항목에서는 낮은 타당도를 보였지만, CVI 역시 0.8로 절대적으로 높은 수치를 보여 타당성이 높다고 볼 수 있음. B1-4의 낮은 타당도와 관련하여, '찾은 정보 및 콘텐츠의 내용을 정확하게 이해하고'라는 이 맥락이 제시될 필요가 없다는 의견이 있었음. 이에 관련 맥락을 삭제함
- 하위 요소 B2에서는 성취 수행 예시 2번과 3번이 각각 평균 4.00으로 모든 전문가로부터 '매우 타당하다'라는 평가를 받아 가장 높은 타당도를 보여 주었음
- 반면, 성취 수행 예시 5번과 7번은 각각 평균 3.70으로 상대적으로 낮은 타당도를 보였음. 하지만 각각 CVI 값은 0.9 와 1로 타당성이 높음. B2-5와 관련해서는 태도적인 측면을 포함하는 것

이 바람직하다는 전문가의 의견을 반영하여 해당 내용을 수정하였고, B2-4와 B2-5 모두 '기본적 예절'과 '다양한 관점 수용'이라는 태도적 요소를 중심으로 다루고 있다는 점에서, 두 성취 수행 예시를 하나로 통합해 진술하는 것이 적절하다는 의견을 수용하여 B2-4와 B2-5를 통합하였음
○ 다음 〈표 IV-10〉은 C 영역에 대한 2차 전문가 델파이의 평가 결과와 내적 타당도를 제시하였음
- 또한 I-CVI(Item-level Content Validity Index) 분석 결과, 모든 성취 수행 예시 중 하나를 제외한 항목에서 I-CVI 값이 1.0으로 나타나 매우 높은 수준의 타당도를 보였으며, 나머지 하나의 항목도 0.9로 높은 수준의 타당성을 확보한 것으로 나타남. 이를 통해 전체 성취 수행 예시에 대한 내용 타당도가 충분히 확보되었음을 알 수 있음. 또한 S-CVI(Scale-level Content Validity Index)는 0.99로 산출되어, B 영역을 구성하는 항목 및 성취 수행 예시들이 전반적으로 높은 수준의 타당성을 지닌 것으로 판단할 수 있음
- 하위 요소 C1에서는 성취 수행 예시 2, 3, 4번이 모두 평균 4.0으로 나타나, 모든 전문가로부터 '매우 타당하다'라는 평가를 받아 가장 높은 타당도를 보였음
- 하위 요소 C2에서는 성취 수행 예시 2, 3번이 평균 4.0으로 가장 높은 타당도를 보였고, 모든 문항의 CVI가 1.0으로 매우 높게 나타났음. 반면, 평균값 기준으로는 성취 수행 예시 1번이 3.80으로 가장 낮았으나, 여전히 CVI는 1.0으로 타당성이 확보된 것으로 판단됨. C2-1 낮은 타당도와 관련하여 '의견을 성찰'한다는 것이 의미가 모호할 수 있다는 의견이 있어 이를 수정하였음

〈표 IV-10〉 디지털 리터러시 교육 프레임워크의 C 영역 2차 델파이 결과

영역 및 항목		타당도					I-CVI
		M	SD	Q1	-	Q3	
C1	1	3.80	0.60	4	-	4	0.9
	2	4.00	0.00	4	-	4	1
	3	4.00	0.00	4	-	4	1
	4	4.00	0.00	4	-	4	1
C2	1	3.80	0.40	4	-	4	1
	2	4.00	0.00	4	-	4	1
	3	4.00	0.00	4	-	4	1
	4	3.90	0.30	4	-	4	1
	5	3.90	0.30	4	-	4	1
	6	3.90	0.30	4	-	4	1

C3	1	4.00	0.00	4	-	4	1
	2	4.00	0.00	4	-	4	1
	3	4.00	0.00	4	-	4	1
	4	4.00	0.00	4	-	4	1
	5	3.90	0.30	4	-	4	1
	6	3.80	0.40	4	-	4	1
						S-CVI	0.99

- 하위 요소 C3에서는 성취 수행 예시 1번부터 4번까지 모두 평균 4.0으로 전문가 간 평가의 일치도가 매우 높았으며, 타당성 역시 매우 높은 수준으로 평가되었음. 성취 수행 예시 5번(평균 3.90), 6번(평균 3.80)의 타당도는 다소 낮았으나, CVI는 모두 1.0으로 타당성이 확보된 수준이었음. C3-6의 낮은 타당도와 관련하여, '향유'라는 표현이 다소 추상적이고 모호하다는 의견이 제기되었으며, 이에 따라 해당 용어를 보다 구체적이고 명확한 표현으로 수정하였음

- 또한 I-CVI(Item-level Content Validity Index) 분석 결과, 모든 성취 수행 예시 중 하나를 제외한 항목에서 I-CVI 값이 1.0으로 나타나 매우 높은 수준의 타당도를 보였으며, 나머지 하나의 항목도 0.9로 높은 수준의 타당성을 확보한 것으로 나타남. 이를 통해 전체 성취 수행 예시에 대한 내용 타당도가 충분히 확보되었음을 알 수 있음. 또한 S-CVI(Scale-level Content Validity Index)는 0.99로 산출되어, C 영역을 구성하는 항목 및 성취 수행 예시들이 전반적으로 높은 수준의 타당성을 지닌 것으로 판단할 수 있음

PART

V

결론

1. 최종 교육 프레임워크
2. 개발된 교육 프레임워크 활용 방안
3. 논의 및 제언

1. 최종 교육 프레임워크

○ 본 연구에서는 선행 연구 및 선행 사례 분석, 사서 교사 인터뷰 및 설문을 통한 요구 분석을 통해 학교 도서관 맥락에서 디지털 리터러시 교육을 위한 프레임워크 초안을 개발하고, 전문가 델파이를 통해 프레임워크를 수정·보완 및 타당성을 확보하였음

○ 본 연구를 통해 최종 개발한 학교 도서관 맥락에서의 디지털 리터러시 프레임워크의 최종안은 다음과 같음

○ **A 영역: 디지털 정보·미디어를 탐색·활용·관리하기**

- 첫 번째 하위 역량 요소(**A1. 주제(문제)에 대한 디지털 정보·미디어 검색 및 데이터 수집하기**)는 주어진 주제에 대한 디지털 정보·미디어를 목적에 맞게 검색하고, 전략적으로 탐색하여 문제해결에 적합하게 수집할 수 있는 역량을 의미함
- 두 번째 하위 역량 요소(**A2. 디지털 정보·미디어를 분석적이면서 비판적으로 활용하기**)는 디지털 정보·미디어의 신뢰성과 적합성을 바탕으로, 비판적으로 이해·분석·비교·평가하여 이를 문제해결에 활용할 수 있는 역량을 의미함
- 세 번째 하위 역량 요소(**A3. 디지털 정보·미디어를 구조적으로 정리하고 체계적으로 저장·관리하기**)는 디지털 정보·미디어를 적절한 형태로 변환하고, 체계적으로 분류 및 목록화하며, 저장·관리할 수 있는 역량을 의미함
- 다음 〈표 V-1〉은 A 영역에 대한 각각 하위 역량 요소에 따른 성취 수행 예시를 보여 줌

〈표 V-1〉 A 영역 각 하위 역량 요소별 성취 수행 예시

하위 요소	성취 수행 예시
A1. 주제(문제)에 대한 디지털 정보·미디어 검색 및 데이터 수집하기	A1-1. 주제와 관련된 관심 키워드를 추출하고, 질문을 구체화하여, 과제를 도출할 수 있다.
	A1-2. 학교 도서관 서비스 또는 시스템(독서로 등)을 활용하여 특정 주제와 관련된 자료를 효과적으로 찾을 수 있다.
	A1-3. 문제해결을 위해 어떤 종류의 미디어 또는 정보를 활용할 것인지를 선택할 수 있다.
	A1-4. 주제와 관련된 미디어 또는 정보를 검색하기 위해, 검색 조건, 검색어, 검색 방법 등을 설정할 수 있다.
	A1-5. 디지털 도구(인터넷, 응용 소프트웨어, AI 챗봇, 디지털 콘텐츠 등)를 활용하여 자료를 저장(캡처 등)·수집할 수 있다.

A2. 디지털 정보·미디어를 분석적이면서 비판적으로 활용하기	A2-1. 주제와 관련된 미디어·정보의 특성을 이해하고, 특성(매체 형식, 문화적 맥락, 사회적 배경 등)에 맞게 효과적으로 활용할 수 있다.
	A2-2. 검색한 정보가 문제해결에 유용한 내용을 담고 있는지를 평가할 수 있다.
	A2-3. 내가 찾은 정보가 신뢰할 수 있는 정보 원천(출처)에서 나온 것인지를 평가할 수 있다.
	A2-4. 검색한 정보에 오류나 명시적으로 드러나지 않은 의도나 목적이 있는지를 분석할 수 있다.
	A2-5. 추출된 복수의 정보에 대해 평가 기준을 세워 중요도와 우선순위를 평가할 수 있다.
	A2-6. 내가 찾은 정보가 사실인지, 주장인지, 의견인지를 구분하여 제시할 수 있다.
	A2-7. 수집한 정보를 바탕으로 문제해결에 대한 관련성, 주제, 키워드 등을 파악할 수 있다.
	A2-8. 검색한 정보를 비판적으로 평가하고, 정보에 기반하여 문제해결에 필요한 결정을 내릴 수 있다.
A3. 디지털 정보·미디어를 구조적으로 정리하고 체계적으로 저장·관리할 수 있는 역량	A3-1. 수집한 정보를 분석하고, 표, 이미지, 다이어그램 등으로 정리하여, 문제해결 과제 및 연구 결과를 구조적으로 표현할 수 있다.
	A3-2. 찾은 정보를 적절한 도구를 선택·활용하여, 효과적으로 관리할 수 있다.
	A3-3. 찾은 정보 및 데이터를 문제해결에 활용하기 위해, 파일 형태로 저장·목록화할 수 있다.
	A3-4. 찾은 정보를 윤리적 기준에 따라 안전하게 저장·관리할 수 있다(예: 개인정보 보호 또는 비식별화 등).
	A3-5. 찾은 정보에 관련된 타인의 권리(저작권 및 지식재산권 보호 등)를 보호하며 관리할 수 있다.

○ **B 영역: 디지털 의사소통 및 협업을 통해 아이디어 도출하기**

- 첫 번째 하위 역량 요소(**B1. 디지털 의사소통을 통한 정보·미디어 공유 및 소통하기-확산적 아이디어 공유 과정**)는 디지털 도구를 활용하여 디지털 정보·미디어를 공동체(동료 학습자)와 공유하고 소통할 수 있는 역량을 의미함

- 두 번째 하위 역량 요소(**B2. 디지털 협업을 통해 도출한 아이디어를 통합하여 제시하기-수렴적 아이디어 도출 과정**)는 디지털 도구 및 정보를 활용하여 다른 사람들과 협업을 통해 도출한 아이디어를 수렴적으로 제시할 수 있는 역량을 의미함

- 다음 〈표 Ⅴ-2〉는 B 영역에 대한 하위 역량 요소에 따른 성취 수행 예시를 보여 줌

<표 V-2> B 영역 각 하위 역량 요소별 성취 수행 예시

하위 요소	성취 수행 예시
B1. 디지털 의사소통을 통한 정보·미디어 공유 및 소통하기(확산적 아이디어 공유 과정)	B1-1. 정보·미디어를 다른 사람과 소통·협업하기 위해, 목적에 맞는 형식과 적합한 도구를 선택할 수 있다.
	B1-2. 찾은 정보·미디어를 다른 사람과 공유할 수 있도록 주어진 템플릿이나 틀에 맞게 요약·변환할 수 있다.
	B1-3. 효과적인 의사소통을 위해, 소통·공유 도구(ex. 협업 보드, 소셜 미디어 등)의 환경을 설정할 수 있다.
	B1-4. 아이디어 공유에 효과적인 도구 및 정보 표현 수단을 통해 자신의 생각과 느낌을 표현할 수 있다.
	B1-5. 아이디어 소통 및 도출을 위한 디지털 상호작용의 과정에서, 자료 및 데이터를 윤리적으로 공유할 수 있다. (예: 미디어 공유 신중하게 하기, 저작권법 잘 지키기, 개인정보 보호를 위해 노력하기)
	B1-6. 아이디어 소통 및 도출을 위한 디지털 에티켓을 가지고 상호작용을 하며, 자신과 동료 학습자의 감정이나 의견을 존중할 수 있다.
B2. 디지털 협업을 통해 도출한 아이디어를 통합하여 제시하기(수렴적 아이디어 도출 과정)	B2-1. 정보·미디어를 활용하여 문제해결에 필요한 의미 있는 결과를 도출하기 위해 협업할 수 있다.
	B2-2. 정보·미디어를 활용하여 문제해결을 위한 최적의 아이디어를 합의된 우선순위 및 평가 기준에 따라 선정할 수 있다.
	B2-3. 다양하게 수집된 정보와 의견을 바탕으로 사회적 의사결정에 적극적으로 참여할 수 있다.
	B2-4. 정보·미디어를 활용하여 수렴적 의사결정을 수행하는 과정에서, 열린 자세를 가지고 디지털 예절(공감, 존중, 경청 등)을 지킬 수 있다.
	B2-5. 디지털 협업 및 상호작용의 과정에서 도출된 의견을 적절한 디지털 협업 도구(예: 마인드맵, 포스트, 가상 보드 등)를 활용하여 표현할 수 있다.
	B2-6. 분석한 정보를 디지털 협업 도구를 활용하여 수렴적 아이디어로 통합·구성할 수 있다.

○ C 영역: 디지털 콘텐츠를 생산·개선 및 실천을 위해 공유·향유하기

- 첫 번째 하위 역량 요소(C1. 문제해결을 위해 창의적인 아이디어를 종합하여 디지털 콘텐츠로 생산하기)는 문제해결 관점에서 목적과 상황에 맞게 디지털 콘텐츠를 창의적으로 수정·편집·창조할 수 있는 역량을 의미함

- 두 번째 하위 역량 요소(C2. 생산한 디지털 콘텐츠를 평가하고 개선하기)는 생산한 아이디어 해결안을 다양한 관점에서 평가하고 개선할 수 있는 역량을 의미함

- 세 번째 하위 역량 요소(C3. 문제해결 아이디어를 실천할 수 있도록 공유 및 다른 사람과 함께

향유하기)는 디지털 도구를 활용하여 문제해결 아이디어를 학교 구성원 및 주변 사람들에게 공유하고 향유할 수 있는 역량

- 다음 〈표 V-3〉은 C 영역에 대한 각각 하위 역량 요소에 따른 성취 수행 예시를 보여 줌

〈표 V-3〉 C 영역 각 하위 역량 요소별 성취 수행 예시

하위 요소	성취 수행 예시
C1. 문제해결을 위해 창의적인 아이디어를 종합하여 디지털 콘텐츠로 생산하기	C1-1. 문제 해결하기에 가장 적합한 디지털 도구를 선정할 수 있다.
	C1-2. 수집된 정보를 협업 과정을 통해 문제해결 산출물을 효과적인 형태(프레젠테이션, 이미지, 도표, 글, 보고서, 뉴스레터, 유튜브, 블로그 등)로 표현할 수 있다.
	C1-3. 문제해결안을 애니메이션, 앱, 영상 등 통합적이고 창의적인 콘텐츠 형태로 재구성하여 제작할 수 있다.
	C1-4. 아이디어를 구체화하기 위해 모형, 만들기 등 간단한 시제품이나 교구를 활용한 작품으로 제작할 수 있다.
C2. 생산한 디지털 콘텐츠를 평가하고 개선하기	C2-1. 디지털 콘텐츠로 도출된 아이디어 해결안에 대하여 자신의 성찰을 제시할 수 있다.
	C2-2. 도출된 아이디어 해결안을 보완하기 위해, 다양한 평가 기준(효과성, 보편성, 유용성 등)을 마련할 수 있다.
	C2-3. 선정된 평가 기준에 따라 사용자에게 인터뷰나 설문조사를 수행하여 이를 평가하고 개선 방안을 도출할 수 있다.
	C2-4. 디지털 협업 환경에서 동료 학습자의 의견을 바탕으로 도출된 아이디어 해결안이 사회에 미칠 수 있는 영향을 제시할 수 있다.
	C2-5. 도출된 문제해결안(디지털 콘텐츠)에 대한 사회적 책임이나 윤리적 이슈를 논의하여 개선안을 도출할 수 있다.
	C2-6. 도출된 아이디어 해결안이 사회에 미칠 영향을 바탕으로 개선할 수 있다.
C3. 문제해결 아이디어를 실천할 수 있도록 공유 및 다른 사람과 함께 향유하기	C3-1. 문제해결 아이디어를 실행하기 위해 실천 가능한 공약을 구체적으로 제안할 수 있다.
	C3-2. 아이디어의 실천을 촉진하기 위해 소셜미디어 또는 다양한 플랫폼을 활용하여 실천적 형태의 산출물(예, 실천 공약 포스터 등)로 제작할 수 있다.
	C3-3. 문제해결 아이디어를 실천할 수 있는 방안을 모색하기 위해 가족 구성원, 학급, 커뮤니티에 지식을 공유할 수 있다.
	C3-4. 산출물을 공유하는 과정에서 저작권, 출처 표기, 개인정보 및 초상권 보호 등의 규정을 준수하여 안전하게 공유할 수 있다.
	C3-5. 사회적 참여의 과정에서 디지털 자기 정체성(온라인 환경에서 자신의 평판)을 관리하고, 디지털 예절을 지킬 수 있다.
	C3-6. 자신이 생산한 콘텐츠(예, 예술 형태의 산출물)를 디지털 미디어를 활용하여 다른 사람과 함께 향유할(누리고 즐길) 수 있다.

2. 개발된 교육 프레임워크 활용 방안

o 본 연구에서 개발된 교육 프레임워크는 다음과 같이 활용할 수 있음
- 사서 교사가 교육을 담당해야 하는 학생들의 학교급, 학생 수준, 교사 역량, 주어진 수업 시수, 도서관 환경 등 다양한 교육 맥락에 따라 교육 프레임워크를 유연하게 활용할 수 있도록 다음의 RAMCICEE를 제안함
- 다음의 [그림 V-1]은 교육 프레임워크의 전체 모델을 보여 줌

[그림 V-1] 학교 도서관 맥락에서의 디지털 리터러시 교육 프레임워크: RAMCICEE

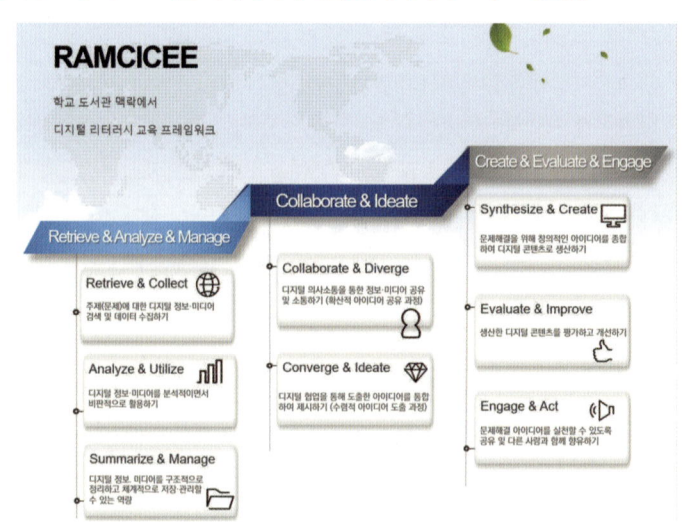

o 교육 프레임워크는 다음과 같이 모듈식으로 구성되어 사서 교사가 선택적으로 유연하게 활용할 수 있음. 단, 절차적인 단계로 모듈화하여 본 교육 프레임워크가 지향하는 교육목표를 수행할 수 있도록 수업이 설계되어야 함
- 다음 〈표 V-4〉는 전체 교육 프레임워크의 절차적 모델을 보여 줌

<표 Ⅴ-4> 디지털 리터러시 교육 프레임워크의 절차적 모델

영역	하위 역량 요소
A. 디지털 정보·미디어를 탐색·활용·관리하기 Retrieve & Analyze & Manage	A1. (Retrieve & Collect) 주제(문제)에 대한 디지털 정보·미디어 검색 및 데이터 수집하기
	A2. (Analyze & Utilize) 디지털 정보·미디어를 분석적이면서 비판적으로 활용하기
	A3. (Summarize & Manage) 디지털 정보·미디어를 구조적으로 정리하고 체계적으로 저장·관리할 수 있는 역량
B. 디지털 의사소통 및 협업을 통해 아이디어 도출하기 Collaborate & Ideate	B1. (Collaborate & Diverge) 디지털 의사소통을 통한 정보·미디어 공유 및 소통하기 (확산적 아이디어 공유 과정)
	B2. (Converge & Ideate) 디지털 협업을 통해 도출한 아이디어를 통합하여 제시하기 (수렴적 아이디어 도출 과정)
C. 디지털 콘텐츠를 생산·개선 및 실천을 위해 공유·향유하기 Create & Evaluate & Engage	C1. (Synthesize & Create) 문제해결을 위해 창의적인 아이디어를 종합하여 디지털 콘텐츠로 생산하기
	C2. (Evaluate & Improve) 생산한 디지털 콘텐츠를 평가하고 개선하기
	C3. (Engage & Act) 문제해결 아이디어를 실천할 수 있도록 공유 및 다른 사람과 함께 향유하기

■ 학교 도서관 맥락에서 교육 프레임워크 적용 방안

1) 초등학교 1~2학년 또는 1~2차시 시수

- Retrieve + Ideate + Create

예시) 주제와 관련된 책(정보 및 미디어)을 찾고, 자신만의 아이디어를 활용하여, 그림 그리기

2) 초등학교 3~4학년 또는 3~4차시 시수

- Retrieve + Analyze + Ideate + Create

예시) 주제와 관련된 책(정보 및 미디어)을 찾고, 비판적으로 분석해서, 새로운 관점에서 아이디어를 도출하여 나만의 작품으로 만들기

3) 초등학교 5~6학년 또는 5~6차시 시수

- Retrieve + Analyze + Manage + Collaborate + Ideate + Create + Evaluate/Engage

예시) 문제와 관련된 책(정보 및 미디어)을 찾고, 비판적으로 분석해서, 요약 및 저장함. 동료 학습자와 협력하여 문제해결 아이디어를 도출하여 문제해결안으로 만들고 공유(평가)하기

4) 중학생 또는 7~8차시
- Retrieve + Analyze + Manage + Collaborate & Diverge + Converge & Ideate + Create + Evaluate + Improve
예시) 문제를 정의하고, 관련 주제에 대한 책(정보 및 미디어)을 찾고, 비판적으로 분석해서, 자신의 방법으로 요약 및 저장함. 문제를 해결하기 위해 동료 학습자와 협력하여 확산적 아이디어를 도출하고, 최종 수렴적 문제해결 아이디어를 도출하여 문제해결안으로 만들고 평가-개선하기

5) 고등학생 또는 9~10차시 이상
- Retrieve + Analyze + Manage + Collaborate & Diverge + Converge & Ideate + Create + Evaluate + Improve + Engage/Act
예시) 문제를 정의하고, 관련 주제에 대한 책(정보 및 미디어)을 찾고, 비판적으로 분석해서, 자신의 방법으로 요약 및 저장함. 문제를 해결하기 위해 동료 학습자와 협력하여 확산적 아이디어를 도출하고, 최종 수렴적 문제해결 아이디어를 도출하여 문제해결안으로 만들고 평가-개선하고, 이를 주변 사람(교사 또는 학부모, 동료 학습자 등)에 공유하여 확산하기

- 위의 교육 프레임워크 RAMCICEE를 활용하여 다음과 같이 사서 교사는 학습자 분석, 환경분석, 과업분석 등을 수행하여 사서 교사의 역량에 맞게 맞춤형으로 선택하여 교수 설계를 수행할 수 있음
- 위의 교육 프레임워크 RAMCICEE를 활용한 교육 모델(안)은 다음과 같음

[그림 V-2] 학교 도서관 맥락에서의 디지털 리터러시 교육 프레임워크 활용 방안

RAMCICEE	학교 도서관 맥락에서 교육 프레임워크 적용 방안
구분	세부 내용
① 초등학교 1-2학년 또는 1-2차시	Retrieve + Ideate + Create ▪ [예시] 주제와 관련된 책(정보 및 미디어)을 찾고, 자신만의 아이디어를 활용하여, 그림 그리기
② 초등학교 3-4학년 또는 3-4차시	Retrieve + Analyze + Ideate + Create ▪ [예시] 주제와 관련된 책(정보 및 미디어)를 찾고, 비판적으로 분석해서, 새로운 관점에서 아이디어를 도출하여 나만의 작품으로 만들기
③ 초등학교 5-6학년 또는 5-6차시	Retrieve + Analyze + Manage + Collaborate + Ideate + Create + Evaluate/Engage ▪ [예시] 문제와 관련된 책(정보 및 미디어)을 찾고, 비판적으로 분석해서, 요약 및 저장함, 동료학습자와 협력하여 문제해결 아이디어를 도출하여 문제해결안으로 만들고 공유(평가)하기
④ 중학생 또는 7-8차시	Retrieve + Analyze + Manage + Collaborate & Diverge + Converge & Ideate + Create + Evaluate + Improve ▪ [예시] 문제를 정의하고, 관련 주제에 대한 책(정보 및 미디어)를 찾고, 비판적으로 분석해서, 자신의 방법으로 요약 및 저장함, 문제를 해결하기 위해 동료학습자와 협력하여 확산적 아이디어를 도출하고, 최종 수렴적 문제해결 아이디어를 도출하여 문제해결안으로 만들고 평가-개선하기
⑤ 고등학생 또는 9-10차시 이상	Retrieve + Analyze + Manage + Collaborate & Diverge + Converge & Ideate + Create + Evaluate + Improve + Engage/Act ▪ [예시] 문제를 정의하고, 관련 주제에 대한 책(정보 및 미디어)를 찾고, 비판적으로 분석해서, 자신의 방법으로 요약 및 저장함, 문제를 해결하기 위해 동료학습자와 협력하여 확산적 아이디어를 도출하고, 최종 수렴적 문제해결 아이디어를 도출하여 문제해결안으로 만들고 평가-개선하고, 이를 주변 사람(교사 또는 학부모, 동료학습자 등)에 공유하여 확산하기

3. 논의 및 제언

○ 과거 책을 통해 정보에 접근하고 정해진 정답을 구하는 문제해결 능력에서 나아가, 미래 사회에서는 다양한 디지털 도구를 활용해서 새로운 문제를 발견하고, 협업과 집단 지성을 활용해 부가가치를 높여 줄 문제해결 능력을 요구하는 시대로 변화하고 있음(박일준, 김묘은, 2020)

- 디지털 리터러시의 정의도 미디어 리터러시, ICT 리터러시, 정보 리터러시를 포괄하고, 빠르게 등장하는 매체(디지털 도구·정보·콘텐츠·미디어)에 선별적으로 접근하여 특정한 문제를 해결하기 위해 사회·심리학적 자원까지를 활용할 수 있는 실행 능력이면서, 태도까지 포괄하는 의미로 확대되었음(OECD, 2018)

- 국내 정부에서도 미래 사회를 책임질 우리 학생들의 디지털 리터러시의 중요성을 인식하고 2022년 개정 교육과정에 주요한 핵심 역량으로 정의하고 교과별 교육과정에서 디지털 리터러시를 함양할 수 있도록 다양한 정책을 추진하고 있음(교육부, 2022; 합동본부, 2025)

- 학교 도서관에서도 교과에서 다루기 어려운 범교과적이면서도 타 교과 간 협업을 통해 멀티 리터러시 관점에서 문제해결을 촉진할 수 있는 디지털 배움터로 변화하고 있음(김미옥 외, 2021)
○ 본 연구에서는 이러한 학교 도서관의 역할 변화에 따라 학교 도서관에서 수행해야 하는 디지털 리터러시 교육을 지원하기 위해 학교 도서관 맥락에서 고려해야 하는 디지털 리터러시 교육 프레임워크 개발을 목적으로 함
- 이를 위해 도서관 맥락에서 수행된 디지털 리터러시 관련 국내·외 선행 연구 및 사례를 분석하였고, 이를 바탕으로 초안을 개발하고, 사서 교사들이 각 하위 역량별 실행할 수 있는 교육 성취 목표 예시를 도출하였음
- 도출된 디지털 리터러시 교육 프레임워크는 초·중·고 학교 현장에서 실질적으로 교육을 실시할 사서 교사들을 대상으로 중요도와 실행도를 파악함으로써 1차 타당성 검증을 실시함
- 사서 교사들을 대상으로 실시한 타당성 검증을 통해 본 연구에서 개발한 디지털 리터러시 교육 프레임워크와 성취 예시에 대해 대부분 중요도와 실행도가 높다는 것을 검증하였음
- 1차 현장 사서 교사들을 대상으로 검증된 디지털 리터러시 교육 프레임워크에 대하여 신뢰도와 타당도를 높이기 위해 전문가 10인을 대상으로 델파이를 통해 역량 요소명 및 하위 요소별 성취 수준 예시에 대하여 수정·보완을 수행하고 최종 타당성을 확보하였음
○ 변화하는 시대에 따라 학교 도서관에서의 사서 교사의 역할이 변화하고 있음(송기호, 2019)
- 특히, 학교 도서관은 독서와 탐구 그리고 창의성을 바탕으로 학습자 중심의 교수·학습 활동이 수행될 수 있는 디지털 공간으로 사서 교사의 교육적 역할이 강조되고 있음(송기호, 2019; IFLA, 2015)
- 우리나라 교육부에서도 디지털 리터러시를 함양하기 위한 교육 기반을 마련하는 데, 학교 도서관의 역할을 강조하고 있음(교육부, 2021)
- 도서관은 독서 교육뿐 아니라 교과와 연계한 융합·창작 활동을 지원하고 협력을 통해 문제를 해결하기 위한 디지털 배움터로 확장할 수 있도록 다양한 정책을 마련하고 있음(교육부, 2021)
- 본 연구는 이러한 배경에서 사서 교사들이 학생들의 디지털 리터러시를 함양하기 위한 교육을 수행할 때 고려해야 하는 교육 절차 및 성취 수행 목표의 틀을 마련하였다는 점에서 의의가 있음
○ 실질적으로 교과 교육은 국가 교육과정에 따라 명확한 교육 방향과 절차, 성취 목표를 가지고 있다는 점에서 교사들이 교육과정을 기반으로 학교 환경과 학생들에 대한 분석을 통해 교육과

정을 재구성하여 학생들에게 필요한 교육 프로그램을 구성할 수 있음
- 하지만, 사서 교사들의 학습 역량을 함양하는 데 기여할 수 있는 교수 파트너의 역할이 강조되고 있음에도 불구하고(IFLA, 2015), 사서 교사들이 참고할 수 있는 교육과정이나 교육 프로그램이 많지 않음
- 실질적으로 2019년도에 사서 교사의 역할에 대한 상대적 중요성 인식 순위에서 독서 교육이나 도서관 이용 교육보다 정보 활용 교육이 가장 중요도가 높은 것으로 나타났으며, 그다음으로 도서관 활용 수업 및 협동 수업이 2위로 나타난 바 있음(송기호, 2019)
- 이러한 중요도에도 불구하고 사서 교사의 교육적 역할을 저해하는 요인으로 사서 교사가 교육을 수행하는 데 필요한 국가 및 교육청 수준의 교육과정이 부재하다는 점이 가장 높은 순위로 나타남
- 결국, 변화하는 시대에 학교 도서관에서 학생들의 디지털 리터러시 함양을 위한 교육 프로그램이 운영되기 위해서는 사서 교사들이 참고할 수 있는 디지털 리터러시 교육을 수행하기 위한 타당성이 확보된 교육과정 및 교육 방법 등이 우선적으로 마련될 필요가 있다는 것을 보여 줌
- 본 연구에서 개발된 디지털 리터러시 교육 프레임워크에 대한 타당성을 확보하기 위해 수행된 사서 교사 대상 중요도 및 수행도 분석에서도 사서 교사들이 대부분의 하위 역량 요소와 성취 수행 목표에 높은 중요도를 보여 주었다는 점에서도 이러한 교육 프로그램에 대한 중요도를 높게 평가하고 있음을 보여 줌
- 수행도의 점수도 중요도에 비해 낮은 점수이지만, 전반적으로 높은 점수를 받았다는 점은 사서 교사들이 디지털 리터러시 교육 측면에서 수행할 수 있는 역량을 어느 정도 보유하고 있음을 알 수 있음
- 또한 설문의 오픈 문항에서는 이러한 연구의 시작이 사서 교사의 역할을 확대되는 것에 대한 기대감을 보여 주었고, 표준화된 교육과정이 제공될 수 있을 것 같다는 긍정적인 의견도 제시하였음
- 본 연구는 사서 교사들의 역할이 변화하고 있지만, 실질적으로 어떠한 역할을 수행해야 한다는 것을 보여 주는 프레임워크를 개발했다는 점에서도 의의가 있음
○ 그런데도 설문의 일부 문항에서 언급된 것처럼 사서 교사의 체계적인 연수 과정 부재 및 다양한 교수·학습 자원의 부재 등 학교 도서관에서 디지털 리터러시 교육이 수행되기 위해 함께

수행되어야 할 과제가 많음
- 본 연구에서는 사서 교사가 디지털 리터러시 교육에 기여하고 학교 도서관이 역할을 수행하기 위해 교사 연수 교육과정을 마련하는 데 기반이 되는 자료로 활용할 수 있음
- 하지만, 학교급별 도서관에서 수행할 수 있는 교육 프로그램의 시수, 환경, 학생들의 수준 및 관심이 매우 다르다는 점에서 본 연구의 결과를 학교급에 따른 교육이 시행될 수 있도록 추가적인 연구가 필요함
- 실질적으로 사서 교사를 대상으로 수행한 역할에 대한 선행 연구에서도 학교급별 차이가 있음을 보여 주었고, 본 설문에 응답한 사서 교사의 학교급별 상황을 언급하면서 학교급별 다른 접근이 필요함을 보여 주었음
- 본 연구에서 도출한 교육 프레임워크를 학교급별 적용하기 위해, 학생들의 수준, 교육 필요성, 사서 교사의 수업 여건 및 수업 시수 등에 대한 체계적인 후속 연구를 제안하고자 함. 이러한 연구는 향후 사서 교사의 연수 교육과정을 개발하는 연구와도 연계될 필요가 있음

참고문헌

강득구, 강준현, 김민석, 민병덕, 안호영, 어기구, 윤준병, 이성만, 이용빈, 최종윤, & 홍성국(2021). 학교도서관진흥법 일부개정법률안. https://likms.assembly.go.kr/bill

교육부(2021, November 24). 2022 개정 교육과정 총론 주요사항(시안) [보도자료].

교육부(2022, August). 디지털 인재양성 종합방안 [보도자료].

교육부(2023). 제4차 학교도서관 진흥 기본계획(2024~2028). 세종: 교육부. https://www.moe.go.kr/boardCnts/fileDown.do?fileSeq=f9cccb883b46f0f4f4efb4097a18f6cf

국가도서관위원회(2023). 도서관발전종합계획(2024-2028). 세종: 문화체육관광부. https://www.mcst.go.kr/kor/s_policy/develop/develop_view.jsp?pSeq=15580

국립어린이청소년도서관(2023). 어린이·청소년 디지털리터러시 역량강화 교수학습자료.

권성호, & 김성미(2011). 소셜 미디어 시대의 디지털 리터러시 재개념화: Jenkins의 '컨버전스'와 '참여문화'를 중심으로. 미디어와 교육, 1(1), 65-82.

김나영(2021). 미디어 리터러시 교육 관련 미국·프랑스 입법례. 서울: 국회도서관.

김미옥, 김선미, 박인혜, 손민영, 심하나, 윤희숙, & 정경진(2021). 주제로 접근해 활동으로 완성하는 미디어 리터러시 수업. 서울: 학교도서관저널.

김수환, 이현숙, 김한성, 박주연, 최미애, & 한나라(2023). 2023년 초·중학생 디지털 리터러시 수행형 평가도구 개선 및 수준 측정 연구. 대구: 한국교육학술정보원(KERIS).

김한성, 이현숙, 유수진, 박주연, 임영수, 최미애, 서정희, & 공현아(2024). 2024년 학생 디지털 리터러시 수준 측정 및 발전방안 연구. 대구: 한국교육학술정보원.

이철현, & 전종호(2020). 4차 산업혁명 시대의 디지털 역량 탐구. 학습자중심교과교육연구, 20(14), 311-338.

김현성(2021). 도서관 메이커스페이스 구축 및 운영사례와 발전방향. 국립중앙도서관 이슈페이퍼, 4, 1-15.

박소연, & 이연수(2021). 뉴미디어 시대의 시청각 자료 디지털 보존 전략. 국립중앙도서관 이슈페이퍼, 5.

박일준, & 김묘은(2020). 아이들의 미래를 바꾸는 교육의 시작: 디지털 리터러시 교실. 서울: 북스토리.

박주현, 강봉숙, & 이병기(2021). 정보활용교육을 위한 교과 내용 체계 개발 연구. 한국도서관·정보학회지, 52(1), 229-254.

박주현, 박주현, 이명규, 김지현, 강봉숙, 이지수, 심효정, & Hollister, J. M. (2022). 공공도서관 기반 미디어 리터러시 교육 모형 개발. 한국문헌정보학회지, 56(3), 335-362.

박주현(2020). UNESCO의 미디어와 정보 리터러시의 교육내용 분석과 교육과정에 관한 연구. 한국문헌정보학회지, 54(2), 349-374. https://doi.org/10.4275/KSLIS.2020.54.2.349

백순근, 임철일, 김혜숙, 유예림, 이소라, & 김미림(2010). 웹기반 수행형 ICT 리터러시 검사도구 개발 연구. 아시아교육연구, 11(2), 223-246.

부산광역시교육청(2020). 초등학교 즐거운 디지털 리터러시. 부산: 부산광역시교육청.

서진완(2000). 정보 리터러시 개념을 이용한 지역주민의 정보화수준 측정. 한국문헌정보학회지, 34, 309-323.

송기호(2019). 사서 교사의 역할 인식 분석. 한국문헌정보학회지, 53(4), 5-22.

시청자미디어재단(n.d.) (n.d.). 미리내. https://www.miline.or.kr/mps

신소영, & 이승희(2019). 디지털 리터러시 측정도구 개발 및 타당화 연구. 학습자중심교과교육연구, 19(7), 749-768.

이현숙, 이운지, 차현진, 김수환, 나우열, 계보경, & 한나라(2022). 2022년 국가수준 초·중학생 디지털 리터러시 수준 측정 연구(연구보고 KR 2022-2). 한국교육학술정보원.

정현선, 김아미, 박유미, 전경란, 이지선, & 노자연(2016). 핵심역량 중심의 미디어 리터러시 교육 내용 체계화 연구. 학습자중심교과교육연구, 16(11), 211-238.

정현선(2021). 읽고 만들고 공유하다: 어린이를 위한 디지털 리터러시 프로그램 개발 연구. 국어교육학연구, 56(4), 374-412.

조상은(2023). 공공도서관의 초등학교 온라인 정보 리터러시 교육모형 개발연구(박사학위논문). 숙명여자대학교 대학원.

차연홍과 최정임(2024) 청소년 미디어 리터러시 교육 프로그램 개발 및 적용 사례 연구. 교육정보미디어연구, 30(4), 1159-1184.

최숙영(2018). 제4차 산업혁명 시대의 디지털 역량에 관한 고찰. 컴퓨터교육학회 논문지, 21(5), 25-35.

한국언론진흥재단(2025). 미디어 리터러시 교육을 위한 미디어 아카데미(KPF 미카). https://www.meca.or.kr/home?type=MEDIA

관계부처 합동(2025). 모두를 위한 디지털 역량 교육 추진방안.

Australian Curriculum, Assessment and Reporting Authority(2020). NAP-ICT Literacy Years 6 and 10: Assessment Framework 2020. Australian Curriculum, Assessment and Reporting Authority.

Australian Curriculum, Assessment and Reporting Authority(2021). Australian Curriculum Review: Consultation Curriculum Foundation Year Level - All Learning Areas. Australian Curriculum, Assessment and Reporting Authority.

Association of College & Research Libraries(2000). Information literacy competency standards for higher education. American Library Association. https://alair.ala.org/items/294803b6-2521-4a96-a044-96976239e3fb

Carretero, S., Vuorikari, R., & Punie, Y. (2017). DigComp 2.1: The digital competence framework for citizens with eight proficiency levels and examples of use. Publications Office of the European Union. https://doi.org/10.2760/38842

Eisenberg, M., & Berkowitz, R. (1992). Information problem-solving: The Big Six skills approach. School Library Media Activities Monthly, 8.

Eisenberg, M. B. (2008). Information literacy: Essential skills for the information age. DESIDOC Journal of Library &

Information Technology, 28(2), 39-47.

Engeström, Y. (1999). Expansive visibilization of work: An activity-theoretical perspective. Computer Supported Cooperative Work, 8(1-2), 63-93.

Engeström, Y. (2001). Expansive learning at work: Toward an activity theoretical reconceptualization. Journal of Education & Work, 14(1), 133-156.

EU JRC. (2017). European Framework for the Digital Competence of Educators. JRC Science for Policy Report.

Fraillon, J., Ainley, J., Schulz, W., Duckworth, D., & Friedman, T. (2019a). IEA International Computer and Information Literacy Study 2018: Assessment Framework. IEA.

Fraillon, J., Ainley, J., Schulz, W., Duckworth, D., & Friedman, T. (2019b). Preparing for life in a digital world: IEA International Computer and Information Literacy Study 2018 International Report. IEA.

Gilster, P. (1997). Digital literacy. Wiley Computer Pub.

Helmer, O. (1967). Analysis of the future: The Delphi method. The Rand Corporation.

Hobbs, R. (2011). Digital and media literacy: Connecting culture and classroom. Corwin, A Sage Company.

IEA(2018). IEA International Computer and Information Literacy Study 2018: Assessment Framework. SpringerOpen.

IFLA(2015). Media and information literacy recommendations. International Federation of Library Associations and Institutions. https://www.ifla.org/publications/node/9716

JISC(2014). Developing students' digital literacy. Joint Information Systems Committee. https://www.jisc.ac.uk/full-guide/developing-students-digital-literacy

Koehler, M. J., & Mishra, P. (2009). What is technological pedagogical content knowledge? Contemporary Issues in Technology and Teacher Education, 9, 60-70.

Korupp, S., & Szydlik, M. (2005). Causes and trends of the digital divide. European Sociological Review, 21(4), 409-422.

Kumpulainen, K., & Sefton-Green, J. (2020). Multiliteracies in the early years innovation: Perspectives from Finland and beyond. Routledge.

Mackey, T., & Jacobson, T. (2011). Reframing information literacy as a metaliteracy. College & Research Libraries, 72(1), 62-78.

MediaSmarts(n.d.). MediaSmarts. https://mediasmarts.ca

Mills, K. A. (2010). A review of the "digital turn" in the new literacy studies. Review of Educational Research, 80(2), 246-271.

Murray, J. W., & Hammons, J. O. (1995). Delphi: A versatile methodology for conducting qualitative research. The Review of Higher Education, 18, 423.

Nadler, L. (1971). Support system for training. Training and Development Journal.

New London Group(1996). A pedagogy of multiliteracies: Designing social futures. Harvard Educational Review, 66(1), 60-93.

OECD(2018). PISA 2018 Results: Combined Executive Summaries. https://www.oecd.org/pisa/

OECD(2019). OECD Future of Education and Skills 2030: OECD Learning Compass 2030 - A Series of Concept Notes.

SCONUL Working Group on Information Literacy(2011). The SCONUL seven pillars of information literacy: Core model for higher education. Society of College, National and University Libraries. https://www.sconul.ac.uk/sites/default/files/documents/coremodel.pdf

UNESCO(2011). Media and information literacy curriculum for teachers. UNESCO.

UNESCO(2013). Global media and information literacy assessment framework: Country readiness and competencies. UNESCO.

UNESCO(2018). A global framework of reference on digital literacy skills for Indicator 4.4.2. UNESCO Institute for Statistics.

UNESCO(2019). Recommendations on assessment tools for monitoring digital literacy within UNESCO's digital literacy global framework (Information Paper No. 56).

Vuorikari, R., Punie, Y., Carretero, S., & Van Den Brande, G. (2016). DigComp 2.0: The digital competence framework for citizens. Update Phase 1: Conceptual reference model. Publications Office of the European Union.

Wilson, M., Scalise, K., & Gochyyev, P. (2015). Rethinking ICT literacy: From computer skills to social network settings. Thinking Skills and Creativity, 18, 65-80.

Yamagata-Lynch, L. C. (2003). Using activity theory as an analytic lens for examining technology professional development in schools. Mind, Culture, and Activity, 10(2), 100-119. https://doi.org/10.1207/S15327884MCA1002_2

Yamagata-Lynch, L. C. (2007). Confronting analytical dilemmas for understanding complex human interactions in design-based research from a cultural-historical activity theory (CHAT) framework. The Journal of the Learning Sciences, 16(4), 451-484. https://doi.org/10.1080/10508400701524777

부록

1

사서 교사 심층인터뷰지

[학교 도서관의 디지털 리터러시 교육을 위한 프레임워크 개발 연구]
도서관 사서 교사 인터뷰 가이드

2024. 11.

안녕하세요.

본 연구에서는 학교 도서관에서 디지털 리터러시 교육 현황과 교육 요구도 조사를 위해 진행되는 인터뷰입니다. 본 연구는 학교 도서관에서 디지털 리터러시 교육에 대한 선생님들의 다양한 의견을 조사하여 도서관 교육 담당자들이 도서관 교육 맥락에서 활용할 수 있는 다양한 교수·학습 자원 및 도구를 지원하기 위해 학술적이면서 실용적인 프레임워크를 개발하는 것을 목적으로 하고 있습니다.

본 인터뷰의 결과는 선생님들이 현장에서 원하시는 다양한 자원 및 도구 개발을 위한 기초 자료로 활용될 예정이므로 부디 성의껏 응답해 주시기 바랍니다. 본 인터뷰 시간은 약 40분이 소요될 예정이며, 본 조사에서 작성하신 개인정보(기본정보) 및 응답 내용은 연구 목적 이외에는 절대 사용하지 않을 것이며, 통계법(제33조(비밀의 보호))에 의거 **비밀이 보장되오니 솔직하게 답변**해 주시기 바랍니다.

본 인터뷰에서 작성하신 개인정보(기본정보) 및 응답 내용의 이용에 동의하시면 **아래의 '동의함'에** ☑ **표**하여 주시기 바랍니다. 조사에 참여해 주셔서 감사합니다.

☐ 동 의 함

⊙ 본 인터뷰에 관하여 질의가 있으신 경우 아래로 문의해 주시기 바랍니다.
  - 차현진(순천향대학교 교수, lois6934@sch.ac.kr)
  - 이가영(백석대학교 교수, gayounglee@bu.ac.kr)

※ 프로파일

- 이름: _____ 소속: _____
- 최종 학위 및 전공명: _____
- 교육 경력: _____ 년 _____ 개월
- **디지털 리터러시 수준(1 매우 낮음, 5 매우 높음):** _____

※ 비용 지급을 위한 서류 제출

- 본 연구의 보조연구원이 이메일로 지급 서류를 요청드릴 계획입니다.
- 이메일 주소:
- 전화번호:
- 만약 지급 관련 문의 사항이 있으실 경우 책임연구자에게 연락해 주세요.
- 인터뷰 참여 및 서면 문서 작성.

■ **아래 질문에 모두 답하실 필요는 없습니다. 인터뷰 때 추가 설명을 하셔도 되니 우선 기본적인 사항만 먼저 작성해서 보내 주세요. 질문지는 인터뷰를 효율적으로 진행하기 위해 인터뷰 전에 참고하기 위한 질문지이니 너무 고민하지 마시고 편하게 응답해 주세요.**

※ 다음의 질문에서 우선 답변이 가능한 내용을 중심으로 응답해 주세요. 인터뷰 응답에 따라 추가 질문 또는 다른 질문으로 변경하여 질문드릴 수 있으니, 미리 답변 가능한 질문에 대해서 생각해 주시면 좋겠습니다.

1. 디지털 리터러시, 미디어 리터러시, 정보 리터러시, 디지털 미디어 리터러시에 대해서 어떻게 생각하시나요? 어떤 용어에 친숙하신가요? 실제 학교 도서관에서 관련하여 교육을 실행해 보신 경험을 가지고 계신가요?

▶ 이제부터 본 연구를 위해 디지털 리터러시, 미디어 리터러시, 정보 리터러시, 디지털 미디어 리터러시 등 선생님께 익숙한 용어를 디지털 리터러시로 총칭해서 사용하도록 하겠습니다.

1.1. (경험이 있다면) 어떠한 목적에서, 어떠한 방법으로, 누구를 대상으로, 언제 디지털 리터러시 교육을 수행하셨는지 자세하게 경험을 이야기해 주세요.
　　※ (5W + 1H, When, Why, Where, What, Who, How)

- 경험이 있으시다면, 디지털·정보 리터러시 교육을 받으신 경험이 있으신가요? 어디서 어떤 교육을 받으셨나요?

1.2. (경험이 없으시다면) 만약 학교 도서관에서 학생들의 디지털/미디어/정보 리터러시를 함양하기 위한 교육 프로그램을 운영할 필요성에 대해서 어떻게 생각하시나요?

연구의 목적

미국 공공도서관의 사서들은 디지털/정보 리터러시가 사회적 맥락에서 매우 중요한 개념이며, 커뮤니티에 제공하는 정보 서비스 중 가장 중요한 서비스라 하였습니다. 그리고 선행 연구에 따르면 이용자들은 디지털/정보 리터러시 교육을 사서 업무의 핵심 영역으로 여기고 있으며, 정보의 접근, 분석, 평가 과정에 대해 교육을 제공하는 것이 도서관과 이용자 사이의 교육 상호작용의 기본이라 인지하고 있다(Matteson, 2020)고 합니다. 지금까지 공공도서관은 오랜 기간 정보와 지식에 대한 평등한 접근을 제공하는 기관이자 정규교육과정과 그 밖에 있는 시민이 정보에 접근하고 지식을 공유할 수 있도록 하는 교육기관으로서 역할을 수행하고 있으며(국립중앙도서관, 2021; 박주현 외, 2022a; Mi Wifi Report, 2018), 최근에는 전 세계적으로 다양한 리터러시를 증진하기 위한 교육 제공기관으로서 공공도서관의 역할을 강조하고 있습니다. 이런 관점에서 학교 도서관에서도 기존의 연구들과 사례들을 기반으로 시대에 적합한 디지털/정보 리터러시 교육을 제공하기 위한 교육 모형이 필요합니다.

1.3. 위의 연구 배경 및 목적에 대하여 선생님은 어떻게 생각하시나요?

2. (도서관 내 다른 교육 프로그램) 그럼 디지털 리터러시 교육을 위한 선생님의 교육활동에 대하여 분석하고자 합니다. 혹시 디지털 리터러시 교육 이외에 다른 교육활동을 하고 계신다면, 주로 어떤 교육활동을 하십니까?(5W + 1H 포함)

- 특별히 교육활동을 위해 사용하는 교육 자원/도구가 있다면, 무엇인가요?

- 특별히 교육활동을 위해 협력하거나 도움을 받는 동료 교사 또는 주변 사람들이 있다면, 누구인가요?

- 교육활동을 위해 수행하는/필요한 자신만의 준비나 절차와 방법, 규칙, 필수 활동 등이 있다면, 무엇인가요?

- 이 교육활동을 수행하는 가장 중요한 목적과 방법은 무엇이라고 생각하십니까?

3. **(학교 도서관 내 디지털/정보 리터러시 교육 프로그램의 이상적인 교육 방향 및 방법에 대한 요구 조사)** 그럼 디지털 리터러시 교육에 대해서 논의하고자 합니다. 경험이 있으시다면 경험을 바탕으로, 만약 경험이 없으시다면 필요사항을 고민해 보시면서 응답해 주세요.

    선생님께서 생각하시는 학교 도서관에서의 디지털 리터러시 교육 방법 및 방향은 누구를 위해, 어떤 목적으로, 얼마의 시간을 배분하여, 어떻게 수행되어야 한다고 생각하십니까?

- 특별히 교육활동을 위해 사용하는 교육 자원/도구가 있다면, 무엇인가요?

- 특별히 교육활동을 위해 협력하거나 도움을 받는 동료 교사 또는 주변 사람들이 있다면, 누구인가요?

- 교육활동을 수행하기 위해 필요한 자신만의 준비나 절차와 방법, 규칙, 필수 활동 등이 있다면, 무엇인가요?

- 이 교육활동을 수행하는 가장 중요한 목적은 무엇이라고 생각하십니까?

4. 그 밖에 추가로 말씀해 주고 싶은 사항이 있다면, 말씀해 주세요.

참여해 주셔서 감사합니다.

부록 2

사서 교사 대상 설문지

디지털 리터러시 교육 관련 의견 조사(사서 교사용)

안녕하십니까? 귀한 시간을 내어 설문조사 참여해 주셔서 감사드립니다.

사서 교사들을 대상으로 학교 도서관의 디지털 리터러시 교육을 위한 프레임워크 개발을 위한 목적으로 본 설문조사를 실시하고자 합니다.

본 조사는 디지털 리터러시 교육을 위한 주요 영역과 하위 요소를 포함하며, 각 요소에 대해 교육을 수행할 때 성취 목표 수준에 대한 예시로 만약 선생님께서 그 성취 목표를 기준으로 교육을 수행할 때의 중요도와 실행가능 정도(또는 실행 예정도)를 평가하는 내용을 담은 설문지로 설문에 제시된 영역과 하위 요소는 사서 선생님의 인터뷰와 문헌 연구, 그리고 다양한 사례 분석 결과를 종합하여 도출된 것입니다.

본 조사 결과는 연구 목적 이외에 다른 용도로 사용되지 않을 것이며, 앞으로 디지털 리터러시 교육을 위한 프레임워크를 개발하는 자료로 소중하게 활용될 것입니다. 번거로우시더라도 연구의 중요성을 감안하시어 성심껏 응답해 주시기를 부탁드립니다.

본 조사는 약 20분 정도의 시간이 소요됩니다. 본 조사에서 작성하신 개인정보(기본 정보) 및 응답 내용은 연구 목적 이외에는 절대 사용하지 않을 것이며, 통계법(제33조(비밀의 보호))에 의거 비밀이 보장되오니 솔직하게 답변해 주시기 바랍니다. 본 조사에서 작성하신 개인정보(기본 정보) 및 응답 내용의 이용에 동의하시면 아래의 '동의함'에 ☑표하여 주시기 바랍니다. 조사에 참여해 주셔서 감사합니다.

- ⊙ 설문조사 기간: 1월 14일(월)~ 1월 18일(토), 단, 목표 인원이 도달하면 설문이 조기 마감될 수 있습니다.
- ⊙ 설문조사에 관하여 질의가 있으신 경우 아래 연구진에게 문의해 주시기 바랍니다.
  - 차현진(순천향대학교 교수, lois6934@sch.ac.kr)
  - 이가영(백석대학교 교수, gayounglee@bu.ac.kr)
- ⊙ 설문 참여 및 기프티콘(스타벅스 아메리카노) 발송에 동의하신 선생님들께 기프티콘이 제공됩니다.

바쁘신 중에도 연구에 협조해 주셔서 진심으로 감사드립니다.

2024년 12월

개인정보(기본정보) 및 응답 내용의 이용에 동의
- ■ 동의함
- □ 동의하지 않음

- 설문 세부 문항 및 타당화

만약 도서관에서 디지털 리터러시 교육을 수행할 때 다음의 성취 목표 수준에 대한 예시로 중요하다고 생각하시는 중요도와, 실제로 교육 현장에서 교육에서 적용한 실행도(혹은 실행 가능 정도)는 무엇인지 선택해 주세요.

A. 디지털 미디어·정보를 탐색·활용·관리하기

A1. 주제(문제)에 대한 미디어·정보 검색 및 데이터 수집하기

주어진 주제에 대한 디지털 미디어·정보를 목적에 맞게 검색하고, 전략적으로 탐색하여 문제해결에 적합한 미디어 및 정보를 수집할 수 있는 역량

성취 수행 목표 예시	중요도					실행도 (실행 가능 정도)				
	1	2	3	4	5	1	2	3	4	5
A1-1. 문제해결을 위해 주제와 관련된 관심 키워드를 추출하고 질문을 구체화하여, 나만의 과제를 도출할 수 있다.										
A1-2. 학교 도서관 서비스 또는 시스템(독서로 등)을 활용하여 도서관 데이터베이스와 분류체계를 이해하고, 특정 주제와 관련된 적합한 자료를 효과적으로 찾을 수 있다.										
A1-3. 문제해결을 위해 어떤 종류의 미디어 또는 정보를 활용할 것인지를 논의할 수 있다.										
A1-4. 주제와 관련된 미디어 또는 정보를 검색하기 위해 검색 조건 및 검색어 등을 설정하고, 그에 맞춰 검색 방법을 조정할 수 있다.										
A1-5. 인터넷, 응용 소프트웨어, AI 챗봇, 디지털 콘텐츠 등을 활용하여 문제해결을 위한 자료를 수집할 수 있다.										
A1-6. 특정한 주제를 찾기 위해 가장 적절한 검색 엔진 및 연산자(AND, OR, NOT 등)를 선택할 수 있다.										
A1-7. 주제와 관련된 미디어, 정보, 문화 콘텐츠의 특성을 이해하고 이를 활용할 수 있다.										

A2. 미디어·정보를 분석적이면서 비판적으로 이용하기

디지털 미디어·정보의 신뢰성과 적합성을 바탕으로 비판적으로 분석·비교·평가하여 이를 문제해결에 이용할 수 있는 역량

성취 수행 목표 예시	중요도					실행도 (실행 가능 정도)				
	1	2	3	4	5	1	2	3	4	5
A2-1. 내가 찾은 정보가 신뢰할 수 있는 정보 원천을 가지고 있는지를 평가할 수 있다.										
A2-2. 내가 찾은 정보가 사실인지 의견인지를 구분하여 제시할 수 있다.										
A2-3. 디지털 정보를 효과적으로 활용하여 비판적으로 평가하고 정보에 기반한 결정을 내릴 수 있다.										
A2-4. 검색한 정보가 문제해결에 유용한 내용을 담고 있는지를 평가할 수 있다.										
A2-5. 검색한 정보에 오류나 숨겨진 의도가 있는지를 파악할 수 있으며 어떤 목적으로 미디어 또는 정보가 만들어졌는지를 생각할 수 있다.										
A2-6. 추출된 정보에 대해 평가 기준을 세워 중요도와 우선순위를 평가할 수 있다.										
A2-7. 수집한 정보를 바탕으로 문제해결에 관련성, 주제, 키워드 등을 파악하고, 가치와 의미를 비판적으로 생각할 수 있다.										
A2-8. 수집한 정보를 분석하고 체계적으로 정리하여 문제해결 과제 및 연구 결과(보고서, 요약자료 등)의 데이터로 활용할 수 있다.										

A3. 정보데이터를 목록화하고 관리하기

디지털 정보·데이터를 체계적으로 분류 및 목록화하고, 이를 저장·관리할 수 있는 역량

성취 수행 목표 예시	중요도					실행도 (실행 가능 정도)				
	1	2	3	4	5	1	2	3	4	5
A3-1. 자신이 찾은 정보 및 내용을 요약하여 문제해결에 활용할 수 있도록 정리하고 목록화할 수 있다.										
A3-2. 자신이 찾은 정보를 관리하는 데 체계적인 도구를 선택하여 디렉토리에 파일 구조를 생성하고 목록별로 저장하여 관리할 수 있다.										

A3-3. 자신이 찾은 정보를 문제해결에 활용하기 위해, 자신만의 형태의 정보 파일(표, 이미지(캡처), 다이어그램, 요약문 등)로 변환하거나 구조화하여 표현할 수 있다.										

B. 디지털 의사소통 및 협업을 통해 아이디어 도출하기

B1. 디지털 의사소통을 통한 정보·데이터 공유 및 소통하기

(확산적 아이디어 공유 과정)

- 성취 수행 목표 예시	중요도					실행도 (실행 가능 정도)				
	1	2	3	4	5	1	2	3	4	5
B1-1. 자신이 찾는 정보·데이터를 다른 사람과 공유할 수 있도록 주어진 템플릿이나 틀에 맞게 요약·변환할 수 있다.										
B1-2. 정보·데이터를 다른 사람과 공유하기 위해, 목적 및 형태에 적합한 도구를 선택할 수 있다.										
B1-3. 효과적인 의사소통 방법이나 소통·공유 도구를 활용하여, 협업 작업을 설정할 수 있다.										
B1-4. 디지털 상호 작용 과정에서 자신의 감정이나 의견을 적절하게 표현할 수 있다.										
B1-5. 온라인에서 의사소통과 협업을 할 때 지켜야 할 예절에 대해 설명할 수 있다. (예: 미디어 공유 신중하게 하기, 저작권법 잘 지키기, 개인정보 보호를 위해 노력하기)										
B1-6. 자신이 찾은 정보 및 미디어 콘텐츠의 내용을 정확하게 이해하고, 효과적인 미디어를 통해 자신의 생각과 느낌을 표현할 수 있다.										

B2. 디지털 협업을 통해 도출한 아이디어를 통합하여 제시하기

(수렴적 아이디어 도출 과정)

성취 수행 목표 예시	중요도					실행도 (실행 가능 정도)				
	1	2	3	4	5	1	2	3	4	5
B2-1. 다양하게 수집된 정보와 의견을 바탕으로 사회적 의사결정에 적극적으로 참여할 수 있다.										

성취 수행 목표 예시										
B2-2. 다른 사람과 협업하고 상호작용하기 위한 적절한 디지털 기술(예: 마인드맵, 포스트잇 보드 등)을 활용할 수 있다.										
B2-3. 분석한 정보를 소셜 미디어 또는 협업 플랫폼 등에 아이디어를 표현할 수 있다.										
B2-4. 정보·미디어를 활용하여 문제해결에 의미 있는 결과를 도출하기 위해 소통할 수 있다.										
B2-5. 정보·미디어를 활용하여 최적의 아이디어를 도출하고 수렴적인 아이디어를 제안할 수 있다.										

C. 디지털 콘텐츠를 생산·개선·실천하기

C1. 문제해결을 위해 창의적인 아이디어를 큐레이션 하여 디지털 콘텐츠로 생산하기

성취 수행 목표 예시	중요도					실행도 (실행 가능 정도)				
	1	2	3	4	5	1	2	3	4	5
C1-1. 수집된 정보와 협업의 과정을 통해 도출한 정보를 수렴된 하나의 형태의 문제해결 결과로 창출할 수 있다.										
C1-2. 디지털 콘텐츠를 생성하기에 가장 적합한 방식의 디지털 도구를 선정할 수 있다.										
C1-3. 아이디어를 큐레이션 하여 프리젠테이션, 이미지, 도표, 글, 보고서, 뉴스레터, 유튜브, 블로그 등으로 문제해결 아이디어를 효과적으로 표현할 수 있다.										
C1-4. 문제해결 솔루션을 통합적인 형태의 창의적인 콘텐츠(예를 들어, 애니메이션, 앱, 영상 등)로 재생산하여 종합할 수 있다.										
C1-5. 아이디어를 구체화하기 위해 간단한 형태의 시제품(모형, 만들기 작품 등)이나 프로토타입(교구 활용 작품)으로 제작할 수 있다.										

C2. 생산한 디지털 콘텐츠를 평가하고 개선하기

문제해결 측면에서 효과성, 효율성, 감성, 안정성, 공평성, 보편성 등 다양한 관점에서 평가하고 개선할 수 있는 능력

성취 수행 목표 예시	중요도					실행도 (실행 가능 정도)				
	1	2	3	4	5	1	2	3	4	5
C2-1. 아이디어에 대한 사회적 책임이나 윤리적 이슈를 고려하고 이를 성찰할 수 있다										

성취 수행 목표 예시	중요도					실행도 (실행 가능 정도)				
	1	2	3	4	5	1	2	3	4	5
C2-2. 도출된 아이디어 해결안에 대해 자신의 생각과 느낌을 공유하고 이를 평가하여 개선할 수 있다.										
C2-3. 동료 학습자의 의견을 바탕으로 성찰하며, 그것이 미칠 수 있는 영향을 생각할 수 있다.										
C2-4. 도출된 아이디어가 사회에 미칠 영향을 논의하고 평가할 수 있다.										
C2-5. 아이디어의 효과성, 효율성, 감성, 안정성, 공평성, 보편성 등 다양한 관점에서 평가하고 이를 개선할 수 있다.										
C2-6. 아이디어를 개선하기 위해 실질적인 사용자에게 인터뷰나 설문조사를 수행하여 이를 평가하고 개선방안을 도출할 수 있다										

C3. 문제해결 아이디어를 실천할 수 있도록 공유 및 다른 사람과 함께 향유하기

디지털 도구를 활용하여 문제해결 아이디어를 학교 구성원 및 주변 사람들에게 적극적으로 실천하기 위해 공유하고 향유할 수 있는 역량

성취 수행 목표 예시	중요도					실행도 (실행 가능 정도)				
	1	2	3	4	5	1	2	3	4	5
C3-1. 문제해결 아이디어를 실질적으로 실천할 수 있는 방안을 모색하기 위해 가족 구성원, 직장, 커뮤니티에 지식을 공유할 수 있다.										
C3-2. 문제해결 아이디어를 실행하기 위해 우리가 할 수 있는 실천 공약을 생각할 수 있다.										
C3-3. 아이디어를 실천을 촉진하기 위해 소셜미디어 또는 다양한 플랫폼을 활용하여 실천적 형태의 산출물로 공유할 수 있다.										
C3-4. 산출물을 공유하는 과정에서 저작권 문제, 출처, 개인정보 및 초상권 보호 등을 지켜 안전하게 공유할 수 있다.										
C3-5. 사회적 참여의 과정에서 디지털 자기 정체성(온라인 환경에서 자신의 평판)을 관리하고, 디지털 예절을 지킬 수 있다.										
C3-6. 자신이 생산한 콘텐츠를 디지털 미디어를 활용하여 다른 사람과 함께 향유할 수 있다.										

부록 3

전문가 델파이지

「학교 도서관의 디지털 리터러시 교육을 위한 프레임워크 개발 연구」
- 전문가 델파이 조사(1차)

안녕하십니까? 귀한 시간을 내어 전문가 델파이 조사(1차)에 참여해 주셔서 감사드립니다.

본 연구는 **학교 도서관에서 디지털 리터러시 교육을 지원할 수 있는 프레임워크 개발**을 목적으로 하고 있습니다. 본 연구를 통해 개발되는 디지털 리터러시 교육 프레임워크는 **도서관 교육 담당자(사서 교사)들이 도서관 교육 맥락에서 활용할 수 있는 디지털 리터러시 교육에서 다양한 교수·학습 자원 및 도구를 개발하기 위한 토대를 마련**하기 위해 **학술적이면서 실용적인 프레임워크**를 개발하는 것을 목적으로 하고 있습니다.

본 전문가 델파이는 사서 교사 인터뷰와 설문을 통해 최종 도출한 디지털 리터러시 교육 프레임워크에 대한 대영역과 하위 요소, 수행 성취 예시 등을 타당화하기 위한 목적을 가지고 있습니다. 이를 위해 본 델파이에 참여하는 전문가들은 디지털 리터러시 교육 프레임워크의 총 3개 대 영역, 8개 하위 요소, 각 하위요소별 성취 수행 예시에 대하여 수정 및 보완을 위한 의견과 타당성을 평가해 주시길 바랍니다.

본 연구와 관련하여 **두 차례의 델파이**가 진행될 예정입니다. 이번 1차 델파이 조사는 연구진에서 기본적으로 도출한 항목에 대하여 추가 의견 및 항목의 수정·보완을 위해 전문가들의 의견을 묻는 목적으로 구성되어 있으며, 응답시간은 **약 30분 정도 소요**될 것으로 예상됩니다. 이후 본 델파이 조사(1차)의 의견을 바탕으로 수렴된 의견의 타당화 작업을 위한 델파이 조사(2차)를 3월 중순에 실시할 예정인 점 참고 부탁드립니다. 급한 일정으로 요청드려 죄송합니다.

본 델파이 조사 결과는 연구 목적 이외에 다른 용도로 사용되지 않을 것이며, 학교 도서관 맥락에서 디지털 리터러시 교육 프레임워크에 대한 영역과 하위 요소, 교육에 활용될 성취 수행 예시를 도출하기 위한 자료로 소중하게 활용될 것입니다. 번거로우시더라도 연구의 중요성을 감안하시어 성심껏 응답해 주시기를 부탁드립니다.

바쁘신 중에도 연구에 협조해 주서서 진심으로 감사드립니다.

2025년 3월

연구진 드림

○ **응답 회신 기한:** 2025년 03월 12일(수) 밤 10:00
○ **문의처:** 차현진(순천향대학교 교수, lois6934@sch.ac.kr)
　　　　　이가영(백석대학교 교수, gayounglee@bu.ac.kr)

전문가 인적사항

○성함:	○최종학력 :
○소속 / 직위:	○교사의 경우 현직 경력:
○전공 분야 / 연구 분야 :	○교사외 전문가 실무 및 연구경력 :

[연구 요약]

[인터뷰 수행 결과] 학교 도서관 맥락에서 디지털 리터러시 교육에 대한 이해를 위해 사서 교사를 대상으로 심층 면담을 수행하여 학교 도서관 맥락에서의 교육 맥락과 시사점을 분석하였습니다.

* 주요 시사점 1: 초·중·고 학교 맥락과 도서관 환경, 사서 교사의 수업 시수, 사서 교사의 디지털 리터러시 관심도 및 수준 등이 매우 다양하여 좀 더 유연하게 교사의 재량과 상황에 따라 활용할 수 있는 교육 프레임워크가 필요함

* 주요 시사점 2: 초·중·고 학생의 수준과 교육 방향, 학생들의 수준, 수업 시수 및 수업 내용 등이 매우 다양하여, 이러한 관점에서 교사가 교육과정을 편성하고 유연하게 적용할 수 있는 프레임워크가 필요함

=> 본 연구에서는 해외 도서관 맥락에서 가장 많이 활용되고 있는 Big6 프레임워크를 기반으로 국내외 디지털 리터러시 선행 연구 및 사례, 학교 현황 및 교사들의 수준 등을 고려하여 학교 도서관 교육을 위한 디지털 리터러시 프레임워크 초안을 개발하였음

[설문조사 결과] 학교 도서관 맥락에서의 디지털 리터러시 교육 프레임워크 개발의 타당성을 확보하고 교육요구도를 파악하고자, 디지털 리터러시 교육의 주요 영역과 하위 요소를 기반으로 중요도와 실행 가능성(또는 실행 예정도)의 차이를 조사하였습니다.

* 설문조사의 방법 및 절차: 총 756명의 사서 교사를 대상으로 설문을 진행하였으며 3개의 영역, 8개의 하위 요소, 46개의 예시에 대한 중요도, 실행 가능성을 조사하고 Borich, The Locus for Focus Model의 분석방법을 활용하여 요구도를 분석함

* 주요 설문 결과 전체 영역의 **중요도 평균은 4.137(SD=0.880), 실행도 평균은 3.914(SD=0.897)**로 나타났음

- 하위 요소 중 가장 중요도 평균이 높은 항목은 'A2. 미디어·정보를 분석적이면서 비판적으로 이용하기'(4.220)였으며, 반면 중요도 평균이 가장 낮은 항목은 'C1. 문제해결을 위해 창의적인 아이디어를 큐레이션 하여 디지털 콘텐츠로 생산하기'(4.051)였음. 모든 영역의 중요도 평균이 4.0으로 제시한 프레임워크의 영역과 하위 요소가 사서 교사에게 중요하다고 인식됨을 확인할 수 있었음

- 하위 요소 중 가장 실행도의 평균이 높은 항목은 'B1. 디지털 의사소통을 통한 정보 공유하고 소통하기(확산적 아이디어 공유 과정)'(4.009)임. 반면 실행도 평균이 가장 낮은 항목은 'A2. 미디어·정보를 분석적이면서 비판적으로 이용하기'(3.834)임

- 특히 중요도-실행도 측면에서 A2. 미디어·정보를 분석적이면서 비판적으로 이용하기' 요소가 가장 큰 차이를 보여 교육의 중요성이 크다고 해석할 수 있음.

1. 타당도 질문지

1) 설계원리 및 전략에 대한 타당도 질문지

(1) A. 디지털 미디어·정보를 탐색·활용·관리하기 영역

※ 다음은 A. 디지털 미디어·정보를 탐색·활용·관리하기 영역의 하위 요소와 성취 수행 예시에 대한 타당성을 평가하는 문항입니다. 각 문항을 확인한 후, 4단계 평정 척도에 따라 해당하는 항목에 'V' 표시해 주세요. 또한, **3점 이하로 평가한 문항에 대해서는 그 이유를 작성하고, 개선 또는 보완해야 할 사항을 구체적으로 기재해 주시기 바랍니다.**

(1: 전혀 타당하지 않다, 2: 다소 타당하지 않다, 3: 약간 타당하다, 4: 아주 타당하다)

영역	하위 요소	성취 수행 예시	설문조사 결과		타당도				기타의견
			중요도 M(SD)	실행도 M(SD)	1	2	3	4	추가할 사항, 수정사항 등
A. 디지털 미디어·정보를 탐색·활용·관리하기	A1. 주제(문제)에 대한 미디어·정보 검색 및 데이터 수집하기	A1-1. 문제해결을 위해 주제와 관련된 관심 키워드를 추출하고 질문을 구체화하여, 나만의 과제를 도출할 수 있다.	4.172 (0.870)	4.019 (0.848)					
		A1-2. 학교 도서관 서비스 또는 시스템(독서교육 등)을 활용하여 도서관 데이터베이스와 분류체계를 이해하고, 특정 주제와 관련된 적합한 자료를 효과적으로 찾을 수 있다.	4.278 (0.754)	3.893 (0.913)					
	주어진 주제에 대한 디지털 미디어·정보 목적에 맞게 검색하고, 전략적으로 탐색하여 문제해결에 적용하기	A1-3. 문제해결을 위해 어떤 종류의 미디어 또는 정보를 활용할 것인지를 논의할 수 있다.	4.156 (0.892)	4.026 (0.869)					
	디어 및 정보를 수집할 수 있는 역량	A1-4. 주제와 관련된 미디어 또는 정보를 검색하기 위해 검색 조건 및 검색어 등을 설정하고, 그에 맞춰 검색 방법을 조정할 수 있다.	4.278 (0.759)	3.967 (0.895)					

구분	항목	평균1	평균2
	A1-5. 인터넷 응용 소프트웨어, AI 챗봇, 디지털 콘텐츠 등을 활용하여 문제해결을 위한 자료를 수집할 수 있다.	4.090 (0.933)	3.737 (0.999)
	A1-6. 특정한 주제를 찾기 위해 가장 적절한 검색 엔진 및 연산자(AND, OR, NOT 등)를 선택할 수 있다.	3.933 (0.994)	3.8 (1.019)
	A1-7. 주제와 관련된 미디어, 정보, 문화 콘텐츠의 특수성을 이해하고 이를 활용할 수 있다.	4.292 (0.755)	3.992 (0.871)
	[추가]		
A2. 미디어·정보를 분석적이면서 비판적으로 이용하기 디지털 미디어·정보의 신뢰성과 적합성을 비판적으로 분석·비교·평가하여 이를 문제해결에 이용할 수 있는 역량	A2-1. 내가 찾은 정보가 신뢰할 수 있는 정보 원천을 가지고 있는지를 평가할 수 있다.	4.172 (0.869)	3.952 (0.89)
	A2-2. 내가 찾은 정보가 사실인지 의견인지를 구분하여 제시할 수 있다.	4.184 (0.927)	3.868 (0.947)
	A2-3. 디지털 정보를 효과적으로 활용하여 비판적으로 평가하고 정보에 기반한 결정을 내릴 수 있다.	4.171 (0.880)	3.759 (0.983)
	A2-4. 검색한 정보가 문제해결에 유용한 내용을 담고 있는지를 평가할 수 있다.	4.336 (0.759)	4.009 (0.886)
	A2-5. 검색한 정보에 오류나 숨겨진 의도가 있는지를 파악할 수 있으며 어떤 목적으로 미디어 또는 정보가 만들어졌는지를 생각할 수 있다.	4.333 (0.753)	3.667 (1.028)
	A2-6. 추출된 정보에 대해 평가 기준을 세워 중요도와 우선순위를 평가할 수 있다.	4.106 (0.913)	3.702 (0.981)

	A2-7. 수집한 정보를 바탕으로 문제해결에 관련성, 주제, 키워드 등을 파악하고, 가치와 의미를 비판적으로 생각할 수 있다.	4.138 (0.903)	3.751 (0.979)	
	A2-8. 수집한 정보를 분석하고 체계적으로 정리하여 문제해결 과제 및 연구 결과(보고서, 요약자료 등)의 데이터로 활용할 수 있다.	4.324 (0.718)	3.966 (0.914)	
	[추가]			
A3. 정보·데이터를 목록화하고 관리하기 디지털 정보·데이터를 체계적으로 분류 및 목록화하고, 이를 저장·관리하고 활용할 수 있는 역량	A3-1. 자신이 찾은 정보 및 내용을 요약하여 문제해결에 활용할 수 있도록 정리하고 목록화 할 수 있다.	4.167 (0.879)	3.989 (0.929)	
	A3-2. 자신이 찾은 정보를 관리하는 데 체계적인 도구를 선택하여 디렉토리에 파일 구조를 생성하고 목록별로 저장하여 관리할 수 있다.	3.974 (0.982)	3.64 (1.06)	
	A3-3. 자신이 찾은 정보를 문제해결에 활용하기 위해, 자신만의 형태의 정보 파일(표, 이미지(랜치), 다이어그램, 요약문 등)로 변환하기 나 구조화하여 표현할 수 있다.	4.229 (0.772)	3.881 (0.96)	
	[추가]			
[A영역 추가]				

위의 영역에서 추가하고 싶은 사항이나 기타 의견이 있으면 자유롭게 적어 주세요.

(2) B. 디지털 미디어·정보를 탐색·활용·관리하기 영역

※ 다음은 B. 디지털 의사소통 및 협업을 통해 아이디어 도출하기 영역의 하위 요소와 성취 수행 예시에 대한 타당성을 평가하는 문항입니다. 각 문항을 확인한 후, 4단계 평정 척도에 따라 해당하는 항목에 'V' 표시해 주세요. 또한, **3점 이하로 평가한 문항에 대해서는 그 이유를** 작성하고, 개선 또는 보완해야 할 사항을 구체적으로 기재해 주시기 바랍니다.

영역	하위 요소	성취 수행 예시	설문조사 결과		타당도				기타의견
			중요도 M(SD)	실행도 M(SD)	1	2	3	4	추가할 사항, 수정사항 등
B. 디지털 의사소통 및 협업을 통해 아이디어 도출하기	B1. 디지털 의사소통을 통한 정보·데이터 공유 및 소통하기(확산적 아이디어 공유 과정)	B1-1. 자신이 찾는 정보·데이터를 다른 사람과 공유할 수 있도록 주어진 템플릿이나 틀에 맞게 요약·변환할 수 있다.	4.079 (0.939)	3.983 (0.911)					
		B1-2. 정보·데이터를 다른 사람과 공유하기 위해, 목적 및 형태에 적합한 도구를 선택할 수 있다.	4.042 (0.94)	3.971 (0.895)					
		B1-3. 효과적인 의사소통 방법이나 소통·공유 도구를 활용하여, 협업 작업을 설정할 수 있다.	4.056 (0.928)	3.972 (0.874)					
	디지털 도구를 활용하여 정보·데이터를 공동체와 공유하고 소통할 수 있는 역량	B1-4. 디지털 상호 작용 과정에서 자신의 감정이나 의견을 적절하게 표현할 수 있다.	4.09 (0.932)	3.974 (0.848)					
		B1-5. 온라인에서 의사소통과 협업을 할 때 지켜야 할 예절에 대해 설명할 수 있다. (예: 미디어 공유 신중하게 하기, 저작권법 잘 지키기, 개인정보 보호를 위해 노력하기)	4.2 (0.902)	4.116 (0.828)					
		B1-6. 자신이 찾는 정보 및 미디어 콘텐츠의 내용을 정확하게 이해하고, 효과적인 미디어를 통해 자신의 생각과 느낌을 표현할 수 있다.	4.124 (0.895)	4.041 (0.849)					

		[추가]		
B2. 디지털 협업을 통해 도출한 아이디어를 통합하여 제시하기(수렴적 아이디어 도출 과정)	B2-1. 다양하게 수집된 정보와 의견을 바탕으로 사회적 의사결정에 적극적으로 참여할 수 있다.	4.14 (0.895)	4.007 (0.88)	
	B2-2. 다른 사람과 협업하고 상호작용하기 위한 적정한 디지털 기술(예: 마인드맵, 포스트잇 보드 등)을 활용할 수 있다.	4.058 (0.929)	4.037 (0.851)	
	B2-3. 분석한 정보를 소셜 미디어 또는 협업 플랫폼 등에 아이디어를 표현할 수 있다.	4.03 (0.953)	3.942 (0.916)	
	B2-4. 정보·미디어를 활용하여 문제해결에 의미있는 결과를 도출하기 위해 소통할 수 있다.	4.095 (0.92)	4.013 (0.849)	
	B2-5. 정보·미디어를 활용하여 수렴적으로 아이디어를 도출하고 수렴적인 아이디어를 제시할 수 있는 역량	4.03 (0.928)	3.897 (0.905)	
	[추가]			
[B 영역 추가]				

부록3 | 전문가 델파이지

(3) C. 디지털 미디어·정보를 탐색·활용·관리하기 영역

※ 다음은 C. 디지털 의사소통 및 협업을 통해 아이디어 도출하기 영역의 하위 요소와 성취 수행 예시에 대한 타당성을 평가하는 문항입니다. 각 문항을 확인한 후, 4단계 평정 척도에 따라 해당하는 항목에 'V' 표시해 주세요. 또한, 3점 이하로 평가한 문항에 대해서는 그 이유를 작성하고, 개선 또는 보완해야 할 사항을 구체적으로 기재해 주시기 바랍니다.

영역	하위 요소	성취 수행 예시	설문조사 결과		타당도				기타의견
			중요도 M(SD)	실행도 M(SD)	1	2	3	4	추가할 사항, 수정사항 등
C. 디지털 콘텐츠를 생산·개선·실천하기	C1. 문제해결을 위해 창의적인 아이디어를 큐레이션 하여 디지털 콘텐츠로 생산하기	C1-1. 수집된 정보와 협업의 과정을 통해 도출한 정보를 수렴된 하나의 형태로 문제해결 결과로 창출할 수 있다.	4.132 (0.898)	3.926 (0.909)					
		C1-2. 디지털 콘텐츠를 생성하기에 가장 적합한 방식의 디지털 도구를 선정할 수 있다.	3.988 (0.944)	3.97 (0.898)					
		C1-3. 아이디어를 큐레이션 하여 프리젠테이션, 이미지, 도표, 글, 보고서, 뉴스레터, 유튜브, 블로그 등으로 문제해결 아이디어를 효과적으로 표현할 수 있다.	4.073 (0.937)	3.971 (0.904)					
	문제해결 관점에서 저작과 상황에 맞게 디지털 콘텐츠를 창의적으로 수정·편집·창조할 수 있는 역량	C1-4. 문제해결 솔루션을 종합적인 형태의 창의적인 콘텐츠(예들 들어, 애니메이션, 앱 영상 등)로 재생산하여 종합할 수 있다.	3.972 (0.959)	3.824 (0.974)					
		C1-5. 아이디어를 구체화하기 위해 간단한 형태의 시제품(모형, 만들기 작품 등)이나 프로토타입(교구 활용 작품)으로 제작할 수 있다.	4.087 (0.914)	3.726 (1.061)					

C2. 생산한 디지털 콘텐츠를 평가하고 개선하기	[추가]				
	문제해결 측면에서 효과성, 효율성, 감성, 안정성, 공평성, 보편성 등 다양한 관점에서 평가하고 개선할 수 있는 능력	C2-1. 아이디어에 대한 사회적 책임이나 윤리적 이슈를 고려하고 이를 성찰할 수 있다	4.216 (0.891)	3.984 (0.913)	
		C2-2. 도출된 아이디어 해결안에 대해 자신의 생각과 느낌을 공유하고 이를 평가하여 개선할 수 있다.	4.267 (0.786)	3.976 (0.822)	
		C2-3. 동료 학습자의 의견을 바탕으로 성찰하며, 그것이 미칠 수 있는 영향을 생각할 수 있다.	4.149 (0.779)	3.78 (0.963)	
		C2-4. 도출된 아이디어가 사회에 미칠 영향을 논의하고 평가할 수 있다.	4.185 (0.835)	3.795 (0.988)	
		C2-5. 아이디어의 효과성, 효율성, 감성, 안정성, 공평성, 보편성 등 다양한 관점에서 평가하고 개선할 수 있다.	4.197 (0.765)	3.917 (0.928)	
		C2-6. 아이디어를 개선하기 위해 실질적인 사용자에게 인터뷰나 설문조사를 수행하여 이를 평가하고 개선방안을 도출할 수 있다.	4.063 (0.837)	3.676 (1.143)	
C3. 문제해결 아이디어를 실천할 수 있도록 공유 및 다른 사람과 함께 향유하기	[추가]				
		C3-1. 문제해결 아이디어를 실질적으로 실천할 수 있는 방안을 모색하기 위해 가족 구성원, 직장, 커뮤니티에 지식을 공유할 수 있다.	4.102 (0.944)	3.963 (0.897)	
		C3-2. 문제해결 아이디어를 실행하기 위해 우리가 할 수 있는 실천 공유를 생각할 수 있다.	4.003 (0.953)	4.022 (0.857)	

디지털 도구를 활용하여 문제해결 아이디어를 학교 구성원 및 주변 사람들에게 적극적으로 실천하기 위해 공유하고 공향할 수 있는 역량	C3-3. 아이디어를 실천을 촉진하기 위해 소셜 미디어 또는 다양한 플랫폼을 활용하여 실천적 형태의 산출물로 공유할 수 있다.	4.015 (0.944)	3.939 (0.892)
	C3-4. 산출물을 공유하는 과정에서 저작권 문제, 출처, 개인정보 및 초상권 보호 등을 지켜 안전하게 공유할 수 있다.	4.189 (0.912)	4.038 (0.888)
	C3-5. 사회적 참여의 과정에서 디지털 자기 정체성(온라인 환경에서 자신의 평판)을 관리하고, 디지털 예절을 지킬 수 있다.	4.286 (0.7)	4.013 (0.758)
	C3-6. 자신이 생산한 콘텐츠를 디지털 미디어를 활용하여 다른 사람과 함께 공향할 수 있다.	4.09 (0.908)	3.933 (0.826)
	[추가]		

[C 영역 추가]

2) 전반적인 모형에 대한 타당도 질문지

※ 위에서 제시한 학교 도서관의 디지털리터러시 교육에 대한 전체 영역 및 하위 요소에 대하여 평가해 주세요. 각 영역과 영역에 해당하는 문항을 살펴보시고 4단계 평정 척도에 따라 해당하는 란에 'V' 표시를 해 주시고 3점 이하로 응답하신 문항에 대해서는 그 이유와 개선하거나 보완해야 하는 사항을 의견란에 적어 주시기 바랍니다.

(1: 전혀 타당하지 않다, 2: 다소 타당하지 않다, 3: 약간 타당하다, 4: 아주 타당하다)

구분	문항	타당도			
		1	2	3	4
설계영역의 적절성	전체 디지털 리터러시 교육 프레임워크 영역 및 하위요소는 학교 도서관 현장에서 사서 교사가 교육 프로그램을 효과적으로 설계하고 개발하는 데 적절하다.				
	의견:				
영역 - 하위요소 연결의 타당성	각각의 영역과 하위 요소, 성취 수행 예시 간의 연결은 학교 도서관 현장에 교육 프로그램을 효과적으로 설계하고 개발하는 데 적절하고 타당하다.				
	의견:				
타당성	본 교육 프레임워크는 학교 도서관 현장에 교육 프로그램을 효과적으로 설계하고 개발하기 위하여 참고해야 할 영역과 요소로 전반적으로 타당하다.				
	의견:				

설명력	본 교육 프레임워크는 학교 도서관 현장에 교육 프로그램을 효과적으로 설계하고 개발하는 데 교육 내용을 잘 설명하고 있다.			
	의견:			
유용성	본 교육 프레임워크는 학교 도서관 현장에 교육 프로그램을 효과적으로 설계하고 개발하는 데 유용하게 활용될 수 있다.			
	의견:			
보편성	본 교육 프레임워크는 학교 도서관 현장에 교육 프로그램을 보편적으로 설계하고 개발하는 데 활용될 수 있다.			
	의견:			
이해도	본 교육 프레임워크는 학교 도서관 현장에 교육 프로그램을 효과적으로 설계하고 개발하는 데 고려해야 할 요인을 이해하기 쉽게 표현하고 있다.			
	의견:			
기타의견				

전문가 타당성 검토에 응답해 주셔서 대단히 감사합니다.

학교 도서관의 디지털 리터러시 교육을 위한 프레임워크 개발 연구
- 전문가 델파이 조사(2차)

안녕하십니까? 귀한 시간을 내어 전문가 델파이 조사(1차)에 참여해 주셔서 감사드립니다.

본 연구는 **학교 도서관에서 디지털 리터러시 교육을 지원할 수 있는 프레임워크 개발**을 목적으로 하고 있습니다. 본 연구를 통해 개발되는 디지털 리터러시 교육 프레임워크는 **도서관 교육 담당자(사서 교사)**들이 도서관 교육 맥락에서 활용할 수 있는 디지털 리터러시 교육에서 다양한 교수·학습 자원 및 도구를 개발하기 위한 토대를 마련하기 위해 **학술적이면서 실용적인 프레임워크를** 개발하는 것을 목적으로 하고 있습니다.

본 연구와 관련하여 두 차례의 델파이가 진행될 예정이며 **본 델파이 조사는 2차 델파이 조사입니다. 이번 조사지는 1차 조사의 결과와 이를 토대로 수정된 수정의 타당도를 질문하는 문항이 포함되어 있습니다.**

본 델파이 조사 결과는 연구 목적 이외에 다른 용도로 사용되지 않을 것이며, 학교 도서관 맥락에서 디지털 리터러시 교육 프레임워크에 대한 영역과 하위 요소, 교육에 활용될 성취 수행 예시를 도출하기 위한 자료로 소중하게 활용될 것입니다. 번거로우시더라도 연구의 중요성을 감안하시어 성심껏 응답해 주시기를 부탁드립니다.

바쁘신 중에도 연구에 협조해 주셔서 진심으로 감사드립니다.

2025년 3월
연구진 드림

○ **응답 회신 기한:** 2025년 4월 4일(목) 밤 10:00
○ **문의처:** 차현진(순천향대학교 교수, lois6934@sch.ac.kr)
　　　　　이가영(백석대학교 교수, gayounglee@bu.ac.kr)

성함:

※ 나머지 인적 사항은 1차 조사지를 참고할 예정입니다.

1. 타당도 질문지

1) 디지털 리터러시 교육 프레임워크의 요소에 대한 타당도 질문지

■ 1차 델파이 조사에서 디지털 리터러시 교육 프레임워크의 요소 중 안의 적절성을 조사하였습니다. 또한 수정 의견을 바탕으로 준안을 수정하였습니다.

1차 델파이 조사 결과인 요소별 응답 빈도(비율), 평균(표준편차), 수정 내용 등을 검토하여 수정안의 타당도에 체크해 주시기 바랍니다.

(1: 전혀 타당하지 않다, 2: 다소 타당하지 않다, 3: 약간 타당하다, 4: 아주 타당하다)

(1) A. 디지털 미디어 · 정보를 탐색 · 활용 · 관리하기 영역

영역	하위 요소	성취 수행 예시		수정내용	1차결과 M(SD)	타당도 1	2	3	4
		초안	수정안						
A. 디지털 미디어 · 정보를 탐색 · 활용 · 관리하기	A1. 주제(문제)에 대한 미디어 · 정보 검색 및 데이터 수집하기	A1-1. 문제해결을 위해 주제와 관련된 관심 키워드를 추출하고 질문을 구체화하여, 나만의 과제를 도출할 수 있다.	A1-1. 주제와 관련된 관심 키워드를 추출하고, 질문을 구체화할 수 있다.	문구 수정	3.6 (0.66)				
		A1-2. 학교 도서관 서비스 또는 시스템(독서로 등)을 활용하여 도서관 데이터베이스와 분류체계를 이해하고, 특정 주제와 관련된 적합한 자료를 효과적으로 찾을 수 있다.	A1-2. 학교 도서관 서비스 모든 시스템(독서로 등)을 활용하여 특정 주제와 관련된 적합한 자료를 효과적으로 찾을 수 있다.	분류체계 이해에 대한 내용 삭제	3.6 (0.49)				

역량	항목(원)	항목(수정)	수정내용	평균(SD)
주어진 주제에 대한 디지털 미디어·정보를 목적에 맞게 검색하고, 전략적으로 탐색하여 문제해결에 적합한 미디어 및 정보를 수집할 수 있는 역량	A1-3. 문제해결을 위해 어떤 종류의 미디어 또는 정보를 활용할 것인지를 논의할 수 있다.	A1-3. 어떤 종류의 미디어 또는 정보를 활용할 것인지를 선택할 수 있다.	문구 수정	3.1 (0.7)
	A1-4. 주제와 관련된 미디어 또는 정보를 검색하기 위해 검색 조건 및 검색 방법을 설정하고, 그에 맞춰 검색 방법을 조정할 수 있다.	A1-4. 주제와 관련된 미디어 또는 정보를 검색하기 위해, 검색 조건, 검색어, 검색 방법 등을 설정할 수 있다.	문구 수정	3.6 (0.49)
	A1-5. 인터넷, 응용 소프트웨어, AI 챗봇, 디지털 콘텐츠를 활용하여 문제해결을 위한 자료를 수집할 수 있다.	A1-5. 인터넷, 응용 소프트웨어(프리젠테이션 도구 등), AI 챗봇, 디지털 콘텐츠 등을 활용하여 자료를 수집·수정할 수 있다.	문구 수정	3.8 (0.40)
	A1-6. 특정한 주제를 찾기 위해 가장 적절한 검색 엔진 및 연산자를 선택할 수 있다.	A1-6. 특정한 주제를 찾기 위해가장 적절한 검색 엔진 및 연산자(AND, OR, NOT 등)를 선택할 수 있다.	삭제. 중요도가 다른 성취목표에 비해 낮고, 전문가의 의견도 다른 성취목표에 겹치는 부분이 많다는 논의가 있어 삭제함	3.3 (0.46)
	A1-7. 주제와 관련된 미디어, 정보, 문화 콘텐츠의 특성을 이해하고 이를 활용할 수 있다.		A영역에서 A2로 이동 문구 수정	3.2 (0.87)
	[추가]			
	[A1 영역에 대한 기타 자유로운 의견]			

영역	원안	수정안	수정내용	점수(SD)
	A1-7. 주제와 관련된 미디어, 정보, 문화 콘텐츠의 특성을 이해하고 이를 활용할 수 있다.	A2-1. 주제와 관련된 미디어·정보의 특성을 이해하고, 특성(modality, culture, contexts 등)에 맞게 효과적으로 활용할 수 있다.	A1영역에서 A2로 이동, 문구 수정	3.2 (0.87)
A2. 미디어·정보를 분석이면서 비판적으로 활용하기

디지털 미디어·정보의 신뢰성과 적합성을 바탕으로 비판적으로 분석·비교·평가하여 이를 문제해결에 활용할 수 있는 역량 | A2-4. 검색한 정보가 문제해결에 유용한 내용을 담고 있는지를 평가할 수 있다. | A2-2. 검색한 정보가 문제해결에 유용한 내용을 담고 있는지를 평가할 수 있다. | 순서 변경 | 3.9 (0.3) |
	A2-1. 내가 찾은 정보가 신뢰할 수 있는 정보 원천을 가지고 있는지를 평가할 수 있다.	A2-3. 내가 찾은 정보가 신뢰할 수 있는 정보 원천(출처)에서 나온 것인지를 평가할 수 있다.	문구 수정, 순서 변경	3.7 (0.46)
	A2-5. 검색한 정보에 오류나 숨겨진 의도가 있는지를 파악할 수 있으며 어떤 목적으로 미디어 또는 정보가 만들어졌는지를 생각할 수 있다.	A2-4. 검색한 정보에 오류나 명시적으로 드러나지 않은 의도나 목적이 있는지를 분석할 수 있다.	문구 수정, 순서 변경	3.5 (0.5)
	A2-6. 추출된 정보에 대해 평가 기준을 세워 중요도와 우선순위를 평가할 수 있다.	A2-5. 추출된 복수의 정보에 대해 평가 기준을 세워 중요도와 우선순위를 평가할 수 있다.	문구 수정, 순서 변경	4 (0)
	A2-2. 내가 찾은 정보가 사실인지, 주장인지, 의견인지를 구분하여 제시할 수 있다.	A2-6. 내가 찾은 정보가 사실인지, 주장인지, 의견인지를 구분하여 제시할 수 있다.	문구 수정, 순서 변경	4 (0)
	A2-7. 수집한 정보를 바탕으로 문제해결에 관련성, 주제, 키워드 등을 파악할 수 있다.	A2-7. 수집한 정보를 바탕으로 문제해결에 관련성, 주제, 키워드 등을 파악할 수 있다.	문구 수정	3.6 (0.66)

영역	항목		수정사항	점수
	A2-4. 검색한 정보가 문제해결에 유용한 내용을 담고 있는지를 평가할 수 있다.	A2-8. 검색한 정보를 비판적으로 평가하고, 정보에 기반하여 문제해결에 필요한 결정을 내릴 수 있다.	유사성을 배제한이 미로 단순하게 문구 수정이 순서변경	3.9 (0.3)
	A2-8. 수집한 정보를 분석하고 체계적으로 정리하여 문제해결 과제 및 연구 결과(보고서, 요약자료 등)의 데이터로 활용할 수 있다.		영역 변경 (A2→A3), 문구 수정	3.78 (0.42)
	[추가]			
	[A2 영역에 대한 기타 자유로운 의견]			
A3. 정보·데이터를 구조적으로 정리하고 체계적으로 저장·관리하기	A2-8. 수집한 정보를 분석하고 체계적으로 정리하여 문제해결 과제 및 연구 결과(보고서, 요약자료 등)의 데이터로 활용할 수 있다.	A3-1. 수집한 정보를 분석하고, 표, 이미지, 다이어그램 등으로 정리·요약하여, 문제해결 과제 및 연구 결과를 구조적으로 표현할 수 있다.	영역 변경 (A2→A3), A3-1, A3-3통합 문구수정	3.78 (0.42)
디지털 정보·데이터를 적절한 형태로 변환하고, 체계적으로 분류 및 목록화하며, 저장·관리 할 수 있는 역량	A3-2. 자신이 찾은 정보를 관리하는 데 체계적인 도구를 선택하여 디렉토리에 파일 구조를 생성하고 목록별로 저장하여 관리할 수 있다.	A3-2. 찾은 정보를 관리하는 데 적절한 도구를 선택하여, 효과적으로 관리할 수 있다.	문구 수정	3.6 (0.49)
	A3-1. 자신이 찾은 정보 및 내용을 요약하여 문제해결에 활용할 수 있도록 정리하고 목록화할 수 있다.	A3-3. 찾은 정보 및 데이터를 문제해결에 활용할 수 있도록 파일 형태로 저장·목록화할 수 있다.	문구 수정, 순서 변경	3.8 (0.4)
		A3-4. 찾은 정보를 윤리적 기준을 준수하여 안전하게 저장·관리할 수 있다(예: 개인정보 보호 또는 비식별화 등).	의견을 반영하여 추가함	

	A3-5. 찾은 정보에 대해 타인의 권리(저작권 및 지적재산권 보호 등)를 침해하지 않도록 올바르게 관리할 수 있다.	의견을 반영하여 추가함	
	[추가]		
	[A3 영역에 대한 기타 자유로운 의견]		
[A영역 추가]			

위의 영역에서 추가하고 싶은 사항이나 기타 의견이 있으면 자유롭게 적어 주세요.

(2) B. 디지털 의사소통 및 협업을 통해 아이디어 도출하기 영역

※ 다음은 B. 디지털 의사소통 및 협업을 통해 아이디어 도출하기 영역의 하위 요소와 성취 수행 예시(수정안)에 대한 타당성을 평가하는 문항입니다. 1차 델파이 조사 결과인 요소별 응답 빈도(비율), 평균(표준편차), 수정 내용 등을 검토하여 수정안의 타당성에 체크해 주시기 바랍니다.

영역	하위 요소	성취 수행 예시		수정내용	1차결과 M(SD)	타당도 1	2	3	4
		초안	수정안						
B. 디지털 의사소통 및 협업을 통해 아이디어 도출하기	B1. 디지털 의사소통을 통한 정보·미디어 공유 및 소통하기(확산적 아이디어 공유 과정)	B1-2. 정보·데이터를 다른 사람과 공유하기 위해, 목적 및 형태에 적합한 도구를 선택할 수 있다.	B1-1. 정보·미디어를 다른 사람과 소통·협업하기 위해, 목적에 맞는 형식과 적합한 도구를 선택할 수 있다.	문구 수정, 순서 변경	4 (0)				
		B1-1. 자신이 찾는 정보·데이터를 다른 사람과 공유할 수 있도록 주어진 템플릿이나 틀에 맞게 요약·변환할 수 있다.	B1-2. 찾은 정보·미디어를 다른 사람과 공유할 수 있는 주어진 템플릿이나 틀에 맞게 요약·변환할 수 있다.	문구 수정, 순서 변경	3.8 (0.4)				
	디지털 도구를 활용하여 정보·미디어를 공동체와 공유하고 소통할 수 있는 역량	B1-3. 효과적인 의사소통 방법이나 소통·공유 도구를 활용하여, 협업 작업을 설정할 수 있다.	B1-3. 효과적인 의사소통을 위해, 소통·공유 도구(ex, 협업 보드, 소셜 미디어 등)의 환경(설정)을 조성할 수 있다.	예시 추가, 문구 수정	3.4 (0.66)				
		B1-6. 자신이 찾은 정보 및 미디어 콘텐츠의 내용을 정확하게 이해하고, 효과적인 미디어를 통하여 자신의 생각과 느낌을 표현할 수 있다.	B1-4. 찾은 정보 및 콘텐츠의 내용을 정확하게 이해하고, 아이디어 공유에 효과적인 도구 및 정보 표현 수단을 통해 자신의 생각과 느낌을 표현할 수 있다.	태도 역량으로 변경함, 순서 변경	3.6 (0.8)				

역량	수정 전	수정 후	수정사항	평균(표준편차)
	B1-5. 온라인에서 의사소통과 협업을 할 때 지켜야 할 예절에 대해 설명할 수 있다. (예: 미디어 공유 신중하게 하기, 저작권법 잘 지키기, 개인정보 보호를 위해 노력하기)	B1-5. 아이디어 도출을 위해 디지털 상호작용의 과정에서, 윤리적으로 자료 및 데이터를 공유할 수 있다. (예: 미디어 공유 신중하게 하기, 저작권법 잘 지키기, 개인정보 보호를 위해 노력하기)	문구 수정	3.8 (0.4)
	B1-4. 디지털 상호 작용 과정에서 자신의 감정이나 의견을 적절하게 표현할 수 있다.	B1-6. 아이디어 도출을 위한 디지털 상호 작용 과정에서 디지털 에티켓을 가지고 자신과 동료 학습자의 감정이나 의견을 존중할 수 있다.	위의 태도(B1-번)를 제외한 윤리적 태도 측면 강조, 순서 변경	3.7 (0.46)
	[추가]	[B1 영역에 대한 기타 자유로운 의견]		
B2. 디지털 협업을 통해 도출한 아이디어를 통합하여 제시하기(수렴적 아이디어 도출 과정) 디지털 도구 및 정보를 활용하여 다른 사람들과 협업을 통해 도출한 아이디어를 수렴적으로 제시할 수 있는 역량	B2-4. 정보·미디어를 활용하여 문제해결에 의미 있는 결과를 도출하기 위해 협업하여 소통할 수 있다.	B2-1. 정보·미디어를 활용하여 문제해결에 필요한 의미 있는 결과를 도출하기 위해 협업할 수 있다.	문구 수정, 순서 변경	3.9 (0.3)
	B2-5. 정보·미디어를 활용하여 최적의 아이디어를 도출하고 수렴적인 아이디어를 제안할 수 있다.	B2-2. 정보·미디어를 활용하여 문제해결에 효과적인 아이디어를 함의 우선 순위 및 평가 기준에 따라 최적의 아이디어를 선정할 수 있다.	문구 수정, 순서 변경	3.7 (0.46)
	B2-1. 다양하게 수집된 정보와 의견을 바탕으로 사회적 의사결정에 적극적으로 참여할 수 있다.	B2-3. 다양하게 수집된 정보를 바탕으로 사회적 의사결정에 적극적으로 참여할 수 있다.	순서 변경	3.9 (0.3)

B2-2. 다른 사람과 협업하고 상호작용하기 위한 적절한 디지털 기술(예: 마인드맵, 포스트잇 보드 등)을 활용할 수 있다.			
B2-3. 분석한 정보를 소셜 미디어 또는 협업 플랫폼 등에 아이디어를 표현할 수 있다.			
[추가]			
B2-4. 정보·미디어를 활용하여 수렴적 의사결정을 수행하는 과정에서 디지털 예절(공감, 존중, 경청 등)을 지킬 수 있다.	추가(태도적 측면 추가)		
B2-5. 정보·미디어를 활용하여 수렴적 의사결정을 수행하는 과정에서, 다양한 관점에서 시각을 반영할 수 있도록 열린 자세를 가지고 협업할 수 있다.	추가(태도적 측면 추가)		
B2-6. 디지털 협업 및 상호작용의 과정에서 도출된 의견을 적절한 디지털 협업 도구(예: 마인드맵 포스트, 가상 보드 등)을 활용하여 표현할 수 있다.	순서 변경 B2에 특화된 수행 예시로 문구 변경함	3.6 (0.49)	
B2-7. 분석한 정보를 디지털 협업 도구를 활용하여 수렴적 아이디어로 통합·구성할 수 있다.	문구 수정, 순서 변경	3.4 (0.80)	

[B2 영역에 대한 기타 자유로운 의견]

[B 영역 추가]

위의 영역에서 추가하고 싶은 사항이나 기타 의견이 있으면 자유롭게 적어 주세요.

(3) C. 디지털 콘텐츠를 생산·개선·실천하기 영역

※ 다음은 C. 디지털 의사소통 및 협업을 통해 아이디어 도출하기 영역의 하위 요소와 성취 수행 예시에 대한 타당성을 평가하는 문항입니다. 1차 델파이 조사 결과인 요소별 응답 빈도(비율), 평균(표준편차), 수정 내용 등을 검토하여 수정안의 타당도에 체크해 주시기 바랍니다.

영역	하위 요소	성취 수행 예시		수정내용	1차결과	타당도			
		초안	수정안		M(SD)	1	2	3	4
C. 디지털 콘텐츠를 생산·개선·실천하기	C1. 문제해결을 위해 창의적인 아이디어를 종합하여 디지털 콘텐츠로 생산하기	C1-2. 디지털 콘텐츠를 생성하기에 가장 적합한 방식의 디지털 도구를 선정할 수 있다.	C1-1. 문제 해결하기에 가장 적합한 디지털 도구를 선정할 수 있다.	문구 수정, 순서 변경	3.6 (0.66)				
		C1-1. 수집된 정보와 협업의 과정을 통해 도출된 정보를 하나의 형태의 문제해결 결과로 창출할 수 있다.	C1-2. 수집된 정보와 협업 과정을 통해 문제해결 산출물(프리젠테이션, 이미지, 도표, 글, 보고서, 뉴스레터, 유튜브, 블로그 등)로 효과적으로 표현할 수 있다.	문구 수정, 순서 변경 영역 내 통합 (C1-1, C1-3)	C1-1 3.8 (0.4) C1-3 3.7 (0.46)				
	문제해결 관점에서 목적과 상황에 맞게 디지털 콘텐츠를 창의적으로 수정·편집·창조할 수 있는 역량	C1-4. 문제해결 솔루션을 통합적인 형태의 창의적인 콘텐츠(예를 들어, 애니메이션, 앱, 영상 등으로 재생산하여 종합할 수 있다.	C1-3. 문제해결안을 애니메이션, 앱, 영상 등을 통합적이고 창의적인 콘텐츠 형태로 재구성하여 제작할 수 있다.	문구 수정, 순서 변경	3.8 (0.4)				
		C1-5. 아이디어를 구체화하기 위해 간단한 형태의 시제품(모형 만들기 작품 등)이나 프로토타입(교구 활용 작품)으로 제작할 수 있다.	C1-4. 아이디어를 구체화하기 위해 모형, 만들기 작품 등 간단한 시제품이나 교구를 활용한 작품으로 제작할 수 있다.	문구 수정, 순서 변경	3.7 (0.46)				
		[추가]							
[C1 영역에 대한 기타 자유로운 의견]									

영역	원 문항	수정 문항	수정 내용	평균(표준편차)
C2. 생산한 디지털 콘텐츠를 평가하고 개선하기	C2-2. 도출된 아이디어 해결안에 대해 자신의 생각과 느낌을 공유하고 이를 평가하여 개선할 수 있다.	C2-1. 도출된 아이디어 해결안(디지털 콘텐츠)에 대하여 자신의 의견을 성찰하여 제시할 수 있다.	문구 수정, 순서 변경	3.7 (0.46)
	C2-5. 아이디어의 효과성, 효율성, 감성, 안정성, 공평성, 보편성 등 다양한 관점에서 평가하고 이를 개선할 수 있다.	C2-2. 도출된 아이디어 해결안을 보완하기 위해, 다양한 평가 기준(효과성, 보편성, 유용성 등)을 적극적으로 선정할 수 있다.	문구 수정, 순서 변경	3.8 (0.40)
	C2-6. 아이디어를 개선하기 위해 실질적인 사용자에게 인터뷰나 설문조사를 수행하여 이를 평가하고 개선방안을 도출할 수 있다.	C2-3. 도출된 아이디어 해결안을 개선하기 위해 선정된 평가 기준에 따라 실질적인 사용자에게 인터뷰나 설문조사를 수행하여 이를 평가하고 개선 방안을 도출할 수 있다.	문구 수정, 순서 변경	3.9 (0.3)
생산한 문제해결의 솔루션을 다양한 관점에서 평가하고 개선할 수 있는 능력	C2-3. 동료 학습자의 의견을 바탕으로 성찰하며, 그것이 미칠 수 있는 영향을 생각할 수 있다.	C2-4. 디지털 협업 환경에서 동료 학습자의 의견을 바탕으로 도출된 아이디어 해결안을 성찰하며, 사회에 미칠 수 있는 영향을 제시할 수 있다.	문구 수정, 순서 변경	3.7 (0.46)
	C2-1. 아이디어에 대한 사회적 책임이나 윤리적 이슈를 고려하고 이를 성찰할 수 있다.	C2-5. 도출된 문제해결안(디지털 콘텐츠)에 대한 사회적 책임이나 윤리적 이슈를 고려하고 이를 성찰할 수 있다.	문구 수정, 순서 변경	3.8 (0.40)
	C2-4. 도출된 아이디어가 사회에 미칠 영향을 논의하고 평가할 수 있다.	C2-6. 도출된 아이디어 해결안이 사회에 미칠 영향을 바탕으로 해결안을 수정·보완·개선할 수 있다.	평가기준선정으로 성취 수준을 종합 문구 수정, 순서 변경	3.7 (0.46)

[추가]

[C2 영역에 대한 기타 자유로운 의견]

영역	항목	수정 의견	평균(SD)
C3. 문제해결 아이디어를 실천할 수 있도록 공유 및 다른 사람과 함께 향유하기

디지털 도구를 활용하여 문제해결 아이디어를 학교 구성원 및 주변 사람들에게 공유하고 향유할 수 있는 역량 | C3-1. 문제해결 아이디어를 실천할 수 있는 실천 가능한 공유를 구체적으로 제안할 수 있다. | 문구 수정, 순서변경 | 3.7 (0.46) |
	C3-2. 문제해결 아이디어를 실행하기 위해 소셜미디어 또는 다양한 플랫폼을 활용하여 실천적 행태로 산출물로 제작할 수 있다.	문구 수정, 순서변경	3.9 (0.3)
	C3-3. 아이디어를 실천을 촉진하기 위해 실천할 수 있는 방안을 모색하기 위해 가족 구성원, 학급, 커뮤니티에 지식을 공유할 수 있다.	문구 수정, 순서변경	3.8 (0.40)
	C3-4. 산출물을 공유하는 과정에서 저작권 문제, 출처 표기, 개인정보 및 초상권 보호 등을을 규정을 준수하여 안전하게 공유할 수 있다.	문구 수정	4 (0)
	C3-5. 사회적 참여의 과정에서 디지털 자기 정체성(온라인 환경에서 자신의 평판)을 관리하고, 디지털 예절을 지킬 수 있다.		3.8 (0.40)
	C3-6. 자신이 생산한 콘텐츠(예술 형태의 산출물)를 디지털 미디어를 활용하여 다른 사람과 함께 향유할 수 있다.		3.6 (0.66)

	[추가]	
	[C3 영역에 대한 기타 자유로운 의견]	
[C 영역 추가]		

위의 영역에서 추가하고 싶은 사항이나 기타 의견이 있으면 자유롭게 적어 주세요.

2) 전반적인 모형에 대한 타당도 질문지

※ 위에서 제시한 학교 도서관의 디지털리터러시 교육에 대한 전체 영역 및 하위요소에 대하여 평가해 주세요. 각 영역과 영역에 해당하는 문항을 살펴보시고 4단계 평정 척도에 따라 해당하는 란에 'V' 표시를 해 주시고 3점 이하로 응답하신 문항에 대해서는 그 이유와 개선하거나 보완해야 하는 사항을 의견란에 적어 주시기 바랍니다.

(1: 전혀 타당하지 않다, 2: 다소 타당하지 않다, 3: 약간 타당하다, 4: 아주 타당하다)

구분	문항	타당도			
		1	2	3	4
설계영역의 적절성	전체 디지털 리터러시 교육 프레임워크 영역 및 하위요소는 학교 도서관 현장에서 사서 교사가 교육 프로그램을 효과적으로 설계하고 개발하는 데 적절하다.				
	의견:				
영역-하위요소 연결의 타당성	각각의 영역과 하위 요소, 성취 수행 예시 간의 연결은 학교 도서관 현장에 교육 프로그램을 효과적으로 설계하고 개발하는 데 적절하고 타당하다.				
	의견:				
타당성	본 교육 프레임워크는 학교 도서관 현장에 교육 프로그램을 효과적으로 설계하고 개발하기 위하여 참고해야 할 영역과 요소로 전반적으로 타당하다.				
	의견:				
설명력	본 교육 프레임워크는 학교 도서관 현장에 교육 프로그램을 효과적으로 설계하고 개발하는 데 교육 내용을 잘 설명하고 있다.				
	의견:				
유용성	본 교육 프레임워크는 학교 도서관 현장에 교육 프로그램을 효과적으로 설계하고 개발하는 데 유용하게 활용될 수 있다.				
	의견:				
보편성	본 교육 프레임워크는 학교 도서관 현장에 교육 프로그램을 보편적으로 설계하고 개발하는 데 활용될 수 있다.				
	의견:				

이해도	본 교육 프레임워크는 학교 도서관 현장에 교육 프로그램을 효과적으로 설계하고 개발하는 데 고려해야 할 요인을 이해하기 쉽게 표현하고 있다.			
	의견:			
기타의견				

전문가 타당성 검토에 응답해 주셔서 대단히 감사합니다.

**학교 도서관 맥락에서
디지털 리터러시 교육
프레임워크 개발 연구**

ⓒ 차현진·이가영, 2025

초판 1쇄 발행 2025년 9월 14일

지은이	차현진·이가영
펴낸이	박상우
펴낸곳	도서출판포스 주식회사
주소	충청남도 천안시 동남구 옛농고2길 5(원성동)
전화	1688-4778
팩스	041-555-3573
메일	book@phose.co.kr

ISBN 979-11-990276-1-9 (93370)

- 가격은 뒤표지에 있습니다.
- 이 책은 저작권법에 의하여 보호를 받는 저작물이므로 무단 전재와 복제를 금합니다.
- 파본은 구입하신 서점에서 교환해 드립니다.